*Groupe de travail du Ministre
sur la politique fédérale en matière de sport*

LE SPORT: UN PAS D'AVANCE

Un aperçu du rapport du Groupe de travail

Publié avec l'autorisation du
Ministre d'État
Condition physique et Sport amateur.

© Ministre des Approvisionnements et Services Canada 1992
No de cat. H93-105/1992
ISBN 0-662-59026-0

CPSA 8034

Table des matières

Introduction

Voici un condensé du document *Le sport : un pas d'avance*, Rapport du Groupe de travail du Ministre sur la politique fédérale en matière de sport. Il vise à faciliter la consultation de la version intégrale, que nous recommandons cependant de lire au complet pour bien comprendre ce qui y est énoncé.

Le condensé comporte quatre sections.

La première section résume, dans l'ordre de présentation des sujets abordés dans le rapport intégral, les arguments et les observations soulevés ainsi que les recommandations s'y rattachant.

La deuxième section donne les grandes lignes des neuf principaux thèmes ressortant du rapport. Les éléments clés souhaités et les recommandations connexes accompagnent la description de chaque thème.

La troisième section porte sur les sept principaux intervenants du système sportif. Il y a pour chacun une page sur laquelle figurent les grandes lignes des répercussions, des avantages et des thèmes clés.

Enfin, la quatrième et dernière section est un résumé littéral de toutes les recommandations tirées du rapport intégral. Celles-ci sont présentées chapitre par chapitre.

Pour commencer, voici l'«*avant-propos*» qui se trouve au début de la version intégrale du rapport du Groupe de travail.

> *Le Groupe de travail envisage l'avenir du sport au Canada avec optimisme. Les investissements faits à ce jour ont permis de jeter des bases solides pour les progrès dont nous avons été témoins. Nous nous réjouissons de l'énergie, des idéaux et du degré d'évolution qui caractérisent le sport moderne depuis les 30 dernières années. Nous assisterons bientôt à l'avènement d'une ère nouvelle dans le sport au Canada. Celle-ci donnera naissance à un sport de qualité, plus complet, plus responsable et entièrement accessible, un sport enraciné dans des valeurs canadiennes, un sport «fabriqué au Canada» de sorte qu'il soit adapté à notre géographie et à nos structures sociales, un sport qui permet d'exprimer notre fierté de participer et de rechercher l'excellence. Dans cette ère nouvelle, nous avons recommandé au ministre d'État à la Condition physique et au Sport amateur que le gouvernement fédéral joue un rôle évolutif.*

Le résumé

LA VISION

Voyons l'avenir tel que le perçoit le Groupe de travail. Aspirons à une vision du sport au Canada qui soit réalisable et qui considère le sport comme faisant partie intégrante de la société canadienne. Par «sport», le Groupe de travail entend toute la gamme d'activités sportives au Canada, depuis les loisirs jusqu'au sport de compétition organisé, y compris le sport de haute performance mais non le sport professionnel.

Un avenir où ...

Le Canada est respecté du monde entier en tant que véritable pays sportif. Notre participation au sport, aussi bien sur le scène nationale qu'internationale, reflète notre culture, notre patrimoine, notre caractère et notre paysage canadien. Le sport touche à pratiquement tous les aspects du génie canadien : notre culture, notre santé, notre viabilité économique et nos divertissements.

Le sport unit notre nation multiculturelle en faisant naître un sentiment de fierté, en favorisant les échanges entre les peuples et en dépeignant nos valeurs canadiennes. Le sport fait partie intégrante de la réalité canadienne; le Canada est engagé envers le sport. Celui-ci est la source d'expériences intenses et enrichissantes; il rehausse la vie quotidienne de tous les Canadiens, que ce soit en tant que participants, partisans ou spectateurs. L'«équipe du Canada», c'est à la fois notre équipe, nos athlètes, notre approche du sport, notre pays.

Les athlètes amateurs canadiens sont des gens de tout âge, de toute origine et de toute habileté, qui pratiquent le sport dans leur propre collectivité. Tous les Canadiens ont des possibilités de participer au niveau de leur choix, et ceux qui offrent ces possibilités se préoccupent essentiellement des besoins de l'athlète. La voix des athlètes est entendue dans tous les milieux décisionnels.

Les athlètes décrivent leurs expériences sportives en termes d'amusement, de joie et d'exploit. En faisant du sport, nous nous mesurons à nous-mêmes, aux éléments et à autrui. Le sport nous permet de nous exprimer physiquement, mentalement et spirituellement.

Le Canada apporte son soutien aux athlètes qui atteignent les plus hauts niveaux de réalisation, qui ne craignent pas de miser toutes leurs énergies sur quelques brefs moments de gloire, et qui représentent le Canada sur la scène mondiale. Il loue aussi le rôle que joue ce groupe spécial en tant que symbole de l'excellence. La quête de la perfection athlétique est reconnue, tant pour les efforts qui y sont consacrés que pour les résultats obtenus; il n'y a tout simplement pas de perdants. Nous sommes tous gagnants.

Les entraîneurs certifiés hautement qualifiés sont essentiels à la formation des athlètes canadiens et voient leur profession respectée. Tout comme les bénévoles et les spécialistes de la médecine sportive, des sciences du sport, de la sécurité, de l'orientation, de la promotion et de l'organisation, ils travaillent avec les athlètes à tous les échelons du sport, que ce soit dans les collectivités ou dans des centres de haute performance.

Le sport fondé sur la collectivité présente de nombreuses possibilités de participation. Les groupes locaux se concertent pour utiliser le plus judicieusement possible les installations et les ressources. Les moniteurs d'éducation physique et les récréologues font équipe avec les dirigeants du sport. Ensemble, ils collaborent avec les municipalités pour offrir des expériences sportives de qualité. Ce faisant, ils permettent à l'athlète de se sentir bien dans sa peau en tant qu'individu. De la naissance à la mort, nous considérons l'activité physique et le sport comme une marque culturelle de notre société.

Par l'intermédiaire de manifestations d'importance et de ligues internationales, le Canada accueille le monde entier afin de promouvoir le sport et de donner la chance aux athlètes canadiens de prendre part à des compétitions chez eux, au Canada. Les médias sportifs font la promotion du sport non professionnel : ils louangent la performance des athlètes et inspirent une conduite éthique appropriée. Une représentation forte et stratégique des Canadiens sur la scène internationale contribue à protéger et à faire connaître les intérêts des Canadiens dans le sport international. Par ailleurs, les Canadiens font profiter les pays moins fortunés de leur prospérité et de leur grand savoir-faire en les aidant à améliorer leurs possibilités dans le domaine du sport. Le Canada est un chef de file mondial dans le débat et la résolution des principaux problèmes touchant les milieux sportifs.

Le respect d'autrui, la tolérance face à la diversité, l'équité et la générosité sont des valeurs canadiennes qui transpirent du sport. De ces valeurs ressort la notion de justice qui, elle, se manifeste dans l'accès et l'équité. Le sport évolue du fait qu'il fournit une direction morale et responsable.

Les organismes de sport travaillent ensemble dans un esprit de collaboration et de soutien mutuel; ils empruntent un chemin commun qui les mènera à l'élaboration d'un plan pour le sport au Canada. Le système sportif canadien se caractérise par un partenariat de soutien et de collaboration entre les gouvernements, les organismes sans but lucratif et le secteur des entreprises. Grâce à des politiques et à des programmes harmonisés, tous les intervenants unissent leurs efforts pour rehausser les expériences sportives des athlètes à tous les échelons du sport. Les obstacles et les écarts sont supprimés, rendant ainsi transparente et harmonieuse la progression au sein du continuum sportif.

Le système sportif est enraciné dans des valeurs. Il est axé sur l'athlète et fondé sur la collectivité. Il est équitable, juste et accessible à tous les Canadiens.

Par-dessus tout, l'essence et l'avenir du sport sont protégés pour ceux qui hériteront de ce mandat public ... pour l'amour du sport.

PARTIE I : CONTEXTE

Introduction

En juin 1990, le gouvernement du Canada a publié le rapport de la *Commission d'enquête sur le recours aux drogues et aux pratiques interdites pour améliorer la performance athlétique* (le rapport Dubin).

Le premier volet de la réponse du gouvernement fédéral (le 9 août 1990) portait sur les dispositions que le gouvernement fédéral entendait prendre à l'égard des personnes citées dans le rapport Dubin et proposait un nouveau cadre de sanctions lié aux infractions en matière de dopage. Dans le deuxième volet de sa réponse (le 9 janvier 1991), le gouvernement fédéral abordait de façon plus exhaustive les questions relatives au dopage. Il a annoncé une campagne de lutte contre le dopage considérablement intensifiée, y compris l'établissement d'un nouvel organisme antidopage autonome et un projet de modifications aux textes de loi en vue de resserrer le contrôle des stéroïdes anabolisants.

Il restait à traiter les répercussions du rapport Dubin liées à la politique générale en matière de sport. Le Ministre a donc créé un Groupe de travail en janvier 1991 et l'a chargé d'examiner ces répercussions ainsi que celles entraînées par des rapports antérieurs (notamment le rapport de 1990 du Comité permanent de la santé et du bien-être social, des affaires sociales, du troisième âge et de la condition féminine, intitulé *Le sport amateur : des défis à relever*, et le rapport de 1988 du Groupe de travail sur la politique nationale du sport, intitulé Vers l'an 2000 : *Pour un meilleur système sportif canadien*).

Plus particulièrement, le Groupe de travail a reçu la mission de se pencher et sur l'objet et la place du sport dans la société, sur les valeurs et l'éthique sur lesquelles devrait être fondée sa direction, sur les rôles et les responsabilités des organismes nationaux directeurs de sport et sur le futur rôle du gouvernement fédéral dans la politique et les programmes en matière de sport.

Sous bien des aspects, ce volet de tout l'examen postérieur à l'enquête Dubin s'est révélé le plus important et le plus exigeant, car il visait le coeur même du sport et sa place dans la société canadienne.

La présidence du Groupe de travail a été confiée à un ancien haut fonctionnaire, M. Cal Best. Les deux autres membres étaient Mme Marjorie Blackhurst, une spécialiste de l'éthique et des valeurs, et Lyle Makosky, sous-ministre adjoint de Condition physique et Sport amateur.

Pendant près d'un an, le Groupe de travail s'est attelé à la tâche, consultant sur une grande échelle les athlètes, les entraîneurs, la collectivité sportive, les gouvernements provinciaux et territoriaux, les éducateurs et de nombreuses autres personnes s'occupant du sport au Canada ou s'y intéressant. Il a également pu bénéficier des conclusions de nombreuses études et recherches environnementales.

Dans son rapport, le Groupe de travail préconise rien de moins qu'une réforme fondamentale du système sportif canadien. Il affirme que par-dessus tout, les valeurs éthiques doivent être à la base du sport. Celui-ci doit être axé sur l'athlète, fondé sur la collectivité et davantage accessible. Il doit être doté d'un système mieux harmonisé où direction partagée et responsabilités bien définies vont de pair. La façon dont cette réforme se réalisera et les raisons qui s'y rattachent sont décrites ci-après.

Le sport et la société canadienne

Le Groupe de travail confirme sans équivoque l'importance du sport dans notre société. Par exemple, il a appris que «la majorité des Canadiens (90 p. 100) est d'avis que le sport est un élément de la culture canadienne aussi important que la musique, le cinéma ou la littérature». (Recherches Décima, 1991)

Le sport est une expérience dont les effets se font sentir un peu partout. Il est le sujet de conversation à la pause-café, au travail. Parfois, il envahit les ondes et les quotidiens. L'omniprésence du sport est indéniable. Les recherches démontrent qu'environ 15 millions de Canadiens (âgés de plus de 10 ans) s'adonnent à une forme d'activité physique au moins tous les deux jours pendant 30 minutes ou plus. De ce nombre, approximativement la moitié (soit 7,5 millions) sont suffisamment actifs pour améliorer leur santé cardio-vasculaire. Environ 4,5 millions de Canadiens sont engagés dans le sport de compétition organisé à titre d'athlètes, d'entraîneurs ou de bénévoles.

LE SPORT AU CANADA

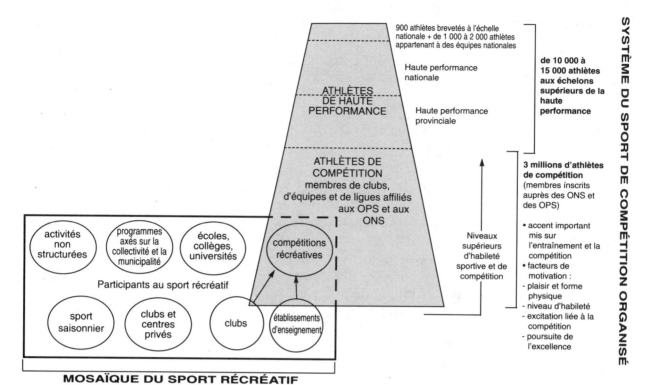

MOSAÏQUE DU SPORT RÉCRÉATIF

- Sport populaire - tous les groupes socio-économiques, toutes les régions, tous les groupes d'âge, les deux sexes
- Peut s'articuler autour de l'accès ou de l'intérêt, de l'âge ou du sexe; peut être axé sur la collectivité; peu être structuré ou non
- Les niveaux d'habileté varient
- Programmes dans les écoles, les clubs, les centres communautaires
- Motivation : pour le plaisir et comme loisir, la condition physique et le développement de certaines habiletés, l'interaction sociale

Le sport de compétition est une expression de notre nature, de notre quête du plaisir et de l'esprit sportif, et de notre caractère national lorsque nous nous mesurons à des éléments comme le relief, l'eau, la neige, les glaces et les montagnes du Canada. Cet aspect de la vie quotidienne revêt énormément d'importance pour les Canadiens.

Sur le plan personnel, le sport nous permet de nous mettre à l'épreuve et de nous épanouir, tant physiquement qu'intérieurement, ainsi que de poursuivre l'excellence et de l'atteindre. Au niveau de la collectivité, le sport est un des fondements de l'interaction sociale, de l'esprit communautaire, de l'établissement de relations interculturelles et de la fierté locale. À l'échelle nationale, le sport joue un rôle important pour ce qui est de stimuler l'unité et la fierté nationales.

Le sport aide aussi les Canadiens à faire face au phénomène de la mondialisation des marchés en favorisant le développement de compétences et de comportements de compétition desquels dépend de plus en plus notre survie économique. En outre, le sport représente pour notre économie une industrie de nombreux milliards de dollars et une source de milliers d'emplois pour les Canadiens.

Pour toutes ces raisons, le Groupe de travail en vient à la conclusion qu'il faut promouvoir le sport et le rendre accessible à tous, depuis les loisirs jusqu'au sport de compétition organisé et au sport de haute performance.

L'INFRASTRUCTURE DE LA COLLECTIVITÉ SPORTIVE

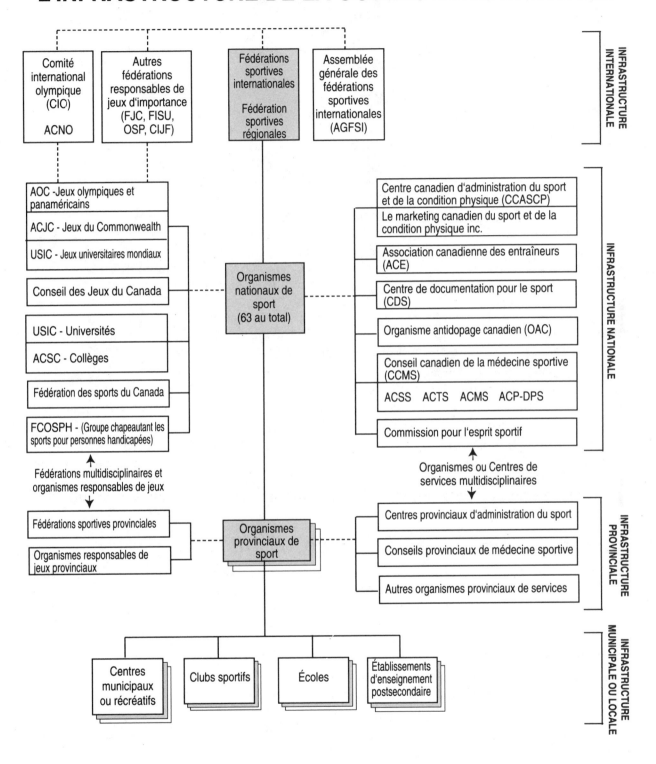

Dans ses recommandations 1 à 4, le Groupe de travail prescrit les étapes que la Direction générale de la condition physique et du sport amateur, les parties visées du système sportif et les organismes gouvernementaux appropriés doivent suivre pour faire mieux comprendre aux Canadiens l'importante contribution culturelle, sociétale et économique que le sport et l'expérience sportive apportent au Canada et pour faire en sorte que le sport fasse partie intégrante de la politique culturelle nationale.

Réorienter le débat entourant l'«excellence»

Au cours des dernières années, le Canada a été le théâtre de vives discussions quant à savoir quel sport privilégier : le sport de haute performance ou le sport récréatif. Le Groupe de travail trouve qu'il s'agit d'un faux débat, ne menant à rien et induisant en erreur. Le véritable enjeu consiste à établir un système sportif où les athlètes pourront s'épanouir pleinement, tout en goûtant l'expérience, ainsi qu'à faire de l'activité physique de masse et de la vie active des marques culturelles, au même titre que le sport.

Quant à la question du sport de haute performance, le Groupe de travail en vient à la conclusion que les Canadiens ont des attentes irréalistes vis-à-vis des athlètes de haute performance et de leurs sports. Selon lui, c'est à cause de la perception très étroite que nous avons du succès, que nous associons en général à la récolte d'une médaille sur la scène sportive internationale. Cet état de choses est renforcé par la création au sein de nos organismes de sport de modèles de planification selon lesquels seule la victoire confirme le succès des athlètes. En outre, les Canadiens ne prêtent pas attention aux réalisations des athlètes entre les jeux d'importance, puis ils s'improvisent sportifs de salon et critiques d'estrade lorsqu'arrivent les championnats du monde et les Jeux olympiques.

Le Groupe de travail affirme que nous devons reconnaître et célébrer nos succès, élargir notre définition de la réussite et des réalisations, comprendre et appuyer ce que veut dire «faire de son mieux» et «être le meilleur», et trouver des façons de soutenir le sport et les athlètes de haute performance entre les manifestations sportives d'importance.

En même temps, le Groupe de travail a perçu un sentiment de désir et de fierté concernant la poursuite de l'excellence. Les Canadiens sont bien disposés à encourager la victoire, mais pas à «tout prix». Bref, les Canadiens appuient la recherche de l'excellence à la condition que cela respecte une définition «typiquement canadienne» qui repose sur les valeurs et les croyances des Canadiens.

PARTIE II : VERS UN PLAN SPORTIF POUR LE CANADA

Le Groupe de travail en vient à la conclusion que le Canada a besoin d'un plan sportif national. À son avis, les efforts pour en venir à une approche commune du sport canadien ont surtout été caractérisés par un point de vue fédéral «descendant», peu d'attention étant prêtée au fait que la grande partie de l'activité sportive se déroulait à l'échelle locale, régionale et provinciale. Le gouvernement fédéral n'est cependant pas l'unique responsable. D'autres, tels les organismes nationaux de sport, ont adopté cette même façon de procéder.

En conséquence, les milieux sportifs du Canada ont eu tendance à aborder la planification collective d'une manière fragmentée, isolationniste et axée sur le contrôle.

Bien que certaines tentatives aient été faites pour redresser la situation, le Groupe de travail s'est rendu compte que comme les intervenants travaillaient isolément, il en est ressorti des visions contradictoires quant au sport.

Pour édifier un plan sportif véritablement «national» (pas seulement fédéral), le Groupe de travail recommande la mise sur pied d'une table de concertation nationale qui réunirait les sept groupes d'intervenants principaux, c'est-à-dire : la collectivité sportive, formée des 63 organismes nationaux unidisciplinaires à but non lucratif, de la quinzaine d'organismes multidisciplinaires nationaux ainsi que de leurs affiliés provinciaux; les gouvernements provinciaux et territoriaux; les athlètes; les entraîneurs; les scientifiques du sport; les éducateurs; le gouvernement fédéral.

Néanmoins, le Groupe de travail admet que les intervenants ne sont pas tous sur le même pied d'égalité. Il définit donc un certain nombre de nouveaux mécanismes de soutien qu'il faudra établir pour que tous suivent le même rythme.

Le Groupe de travail a entendu et vu de nombreux exemples de lacunes et de chevauchements dans les politiques, les rôles et les modèles qui sont intégrés dans l'approche canadienne du sport. Il soutient que ces lacunes et chevauchements sont visibles verticalement au sein des organismes unidisciplinaires, horizontalement dans tout le continuum sportif, géographiquement dans toutes les régions, ainsi que dans les politiques générales de tous les paliers de gouvernement. L'harmonisation des politiques entre le gouvernement fédéral et les gouvernements provinciaux-territoriaux est donc cruciale. Le processus d'harmonisation doit solliciter la participation des groupes touchés et celle des stratèges dans les secteurs connexes (le système d'éducation, par exemple). La collectivité sportive doit devenir un partenaire à part entière avec les gouvernements.

Pour que la table de concertation se révèle efficace, le Groupe de travail affirme qu'il faut changer le point de vue concernant la direction. Selon lui, l'approche préconisant la hiérarchie «du haut vers le bas» devrait être remplacée par une approche «horizontale», laquelle responsabilise les partenaires et suppose une direction partagée.

ÉTABLISSEMENT D'UN PLAN SPORTIF POUR LE CANADA

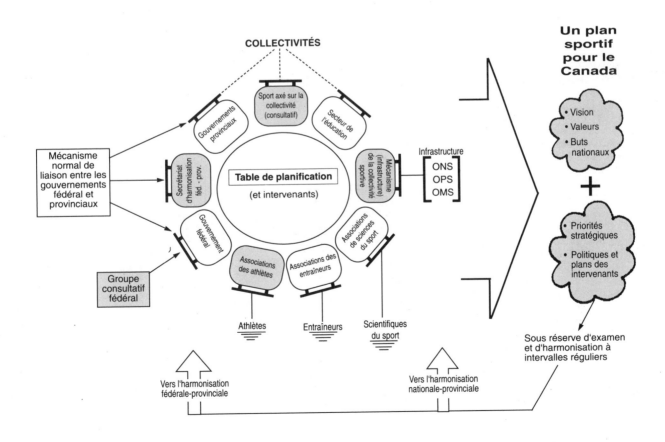

Cette approche de la planification du sport, axée sur la collaboration et la consultation, laisse espérer au Groupe de travail un avenir prometteur pour le sport au Canada. Dans la vision énoncée au début du présent condensé, on y décrit ce que pourrait être le sport : axé sur l'athlète, fondé sur la collectivité et davantage accessible, dans un système mieux harmonisé où direction partagée et responsabilités bien définies vont de pair. Le tout s'articulerait sur les valeurs essentielles que les Canadiens associent au sport.

Le Groupe de travail recense trois catégories de valeurs : les valeurs citées par les athlètes relativement à l'expérience sportive; les valeurs exprimées par les Canadiens à l'égard du sport; les valeurs que devrait véhiculer le sport, selon les Canadiens, soit les valeurs qui doivent orienter le sport au Canada.

Les athlètes tiennent au sport parce qu'il leur procure une expérience personnelle, qu'il est un moyen de se surpasser et de se mesurer à soi-même, aux éléments et aux autres.

Les Canadiens croient que le sport forme le caractère, qu'il est une source d'épanouissement personnel et de développement physique, qu'il favorise la participation et un mode de vie sain, qu'il contribue au développement moral, qu'il enseigne l'esprit sportif et qu'il permet une vie sociale équilibrée.

Les Canadiens s'attendent à ce que nos athlètes fassent preuve d'esprit sportif, et ils sont tout à fait convaincus que c'est ce qu'ils font. Ils estiment également que le sport est un important moyen d'inculquer aux jeunes la notion de justice, grâce à un entraînement de qualité et à l'enseignement du respect des règles du jeu.

LES VALEURS DU SPORT AUX YEUX DES CANADIENS

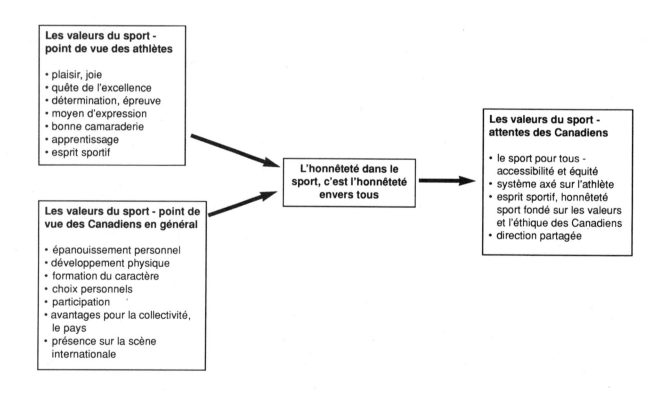

Les valeurs du sport - point de vue des athlètes

- plaisir, joie
- quête de l'excellence
- détermination, épreuve
- moyen d'expression
- bonne camaraderie
- apprentissage
- esprit sportif

Les valeurs du sport - point de vue des Canadiens en général

- épanouissement personnel
- développement physique
- formation du caractère
- choix personnels
- participation
- avantages pour la collectivité, le pays
- présence sur la scène internationale

L'honnêteté dans le sport, c'est l'honnêteté envers tous

Les valeurs du sport - attentes des Canadiens

- le sport pour tous - accessibilité et équité
- système axé sur l'athlète
- esprit sportif, honnêteté sport fondé sur les valeurs et l'éthique des Canadiens
- direction partagée

Se fondant sur les résultats du processus de consultation, le Groupe de travail propose un certain nombre de thèmes en vue de buts nationaux possibles. Ce sont là les principaux objectifs qu'il faut viser dans le processus d'édification du plan sportif pour le Canada, c'est-à-dire : la mise en évidence de l'importance du sport pour notre société; l'accent mis sur les athlètes et les entraîneurs; l'établissement d'un plan sportif pour le Canada dans lequel sont énoncés la vision commune, les valeurs et les buts nationaux se rattachant au sport; la responsabilité sociale et l'éthique; l'excellence dans le sport; la promotion du sport; le rôle des gouvernements.

Dans ses recommandations 5 à 7, le Groupe de travail énumère une série de mesures visant à harmoniser les politiques en matière de sport et à établir un plan sportif pour le Canada.

PARTIE III :
LES ATHLÈTES, LES ENTRAÎNEURS ET LE SYSTÈME SPORTIF

Les athlètes

Le Groupe de travail voit ainsi un système sportif axé sur l'athlète : l'athlète et ses besoins sont à la base. L'athlète sait pertinemment que ses droits sont bien définis et que le système ne le confronte pas à des dilemmes d'ordre éthique qui viennent altérer son honnête quête de l'excellence. Le système prend en compte sa santé et sa sécurité et lui garantit une participation juste et significative à toutes les décisions qui le touchent.

De plus, le droit à une expérience sportive de qualité, à un entraînement de qualité et à l'esprit sportif est enchâssé dans ce système et est respecté. Par conséquent, l'athlète est en mesure de prendre des décisions réfléchies concernant ses choix, ne se sentant pas forcé de gagner à tout prix.

Dans un système où l'athlète est le point de mire, celui-ci a des responsabilités aussi bien que des droits. Clairement définies, ces responsabilités sont acceptées par les deux parties, et elles sont assumées de façon conséquente. L'athlète a la responsabilité, en faisant des choix, de s'appuyer sur de solides valeurs morales. Toujours selon cette notion, l'athlète partage la responsabilité de la direction éthique du système, en plus de celle de sa conduite personnelle et de sa façon d'aborder son sport.

Bien que le Groupe de travail se soit penché sur tous les genres d'athlètes, il s'est concentré sur les besoins et les préoccupations des athlètes de haute performance, qui sont au nombre de 10 000 à 15 000 au Canada. Dans ce groupe figurent les athlètes les plus talentueux, qui tentent de s'illustrer sur la scène sportive nationale et internationale et qui font partie des 3 millions d'athlètes de compétition inscrits au Canada.

Une enquête réalisée auprès de 958 athlètes brevetés, en voie de perfectionnement et à la retraite, ainsi que de 116 officiels du sport, a permis de dresser un profil intéressant des athlètes de haute performance d'aujourd'hui. (Les athlètes soi-disant «brevetés» touchent une aide financière fédérale se situant entre 150 $ et 650 $ par mois après avoir atteint un certain niveau de performance à l'échelle nationale et internationale.) Par exemple, 78 p. 100 étaient des anglophones, 57 p. 100 de sexe masculin et 59 p. 100 âgés de 24 ans ou moins. Seulement 155 athlètes interrogés ont indiqué qu'ils réussiraient à survivre sans recevoir le moindre soutien financier de leur famille ou de leurs amis. L'enquête a également révélé que les athlètes brevetés sont plus instruits que la moyenne des Canadiens de leur groupe d'âge, plus de la moitié étant inscrits auprès d'un établissement d'enseignement.

Dans le cadre des groupes de discussion, des consultations et de deux grandes études (l'une sur les valeurs et l'éthique, l'autre sur la situation de l'athlète), les athlètes ont signalé trois problèmes principaux. Ils affirment ne pas participer directement à la prise des décisions qui les touchent personnellement et n'avoir aucun moyen d'exprimer leurs préoccupations collectives. Ils veulent un système d'arbitrage efficace au sein de la collectivité sportive. Enfin, ils ne reçoivent pas du public ni des médias canadiens la reconnaissance qu'ils souhaiteraient.

Le Groupe de travail déduit que le système sportif et les organismes de sport doivent, de toute urgence, entamer le dialogue avec les athlètes afin de traiter ces questions. Il doit y avoir un meilleur équilibre entre les besoins, les droits et les devoirs des athlètes et ceux des organismes nationaux de sport. Bref, ces derniers et d'autres intervenants (par exemple, les entraîneurs) ne peuvent plus invoquer les nombreux engagements et les calendriers chargés des athlètes pour justifier la non-participation des athlètes au processus décisionnel.

Dans ses recommandations 8 à 10, qui sont en conformité avec l'approche axée sur l'athlète, le Groupe de travail préconise la création d'une Association canadienne des athlètes, qui serait le porte-parole des athlètes. Le Groupe de travail croit qu'elle pourrait s'occuper de questions au nom d'athlètes individuels ou de groupes d'athlètes et permettrait d'assurer un certain équilibre par rapport à la situation actuelle où les organismes directeurs de sport détiennent le monopole pour le sport qu'ils régissent.

Le Groupe de travail croit également que les organismes de sport devraient, en consultation avec les groupes membres, mettre sur pied un système d'arbitrage neutre qui s'occuperait de la résolution finale des litiges. Selon un tel système, les décisions lieraient les deux parties concernées.

Afin de s'assurer que les organismes de sport saisissent bien l'importance qui devrait être accordée à la question des droits des athlètes, le Groupe de travail recommande de l'intégrer dans le processus de responsabilité concernant le financement annuel du gouvernement fédéral.

Les entraîneurs et l'entraînement

Aux yeux du Groupe de travail, cette section est vitale. Tandis que les athlètes sont au coeur du système sportif, personne n'influe autant sur leur développement que l'entraîneur. Ce rôle va d'ailleurs au-delà du sport. L'entraîneur a la responsabilité d'assurer l'épanouissement personnel de l'athlète et devrait aussi favoriser son développement moral et social. Il est un mentor, un éducateur, consacrant souvent plus de temps à l'athlète que les parents de ce dernier.

Au cours des 10 dernières années, environ 8 millions de dollars ont été consacrés à la conception des cours théoriques et techniques du Programme national de certification des entraîneurs (PNCE). Il s'agit d'un programme de formation et de certification comportant cinq niveaux dans le cadre duquel les gouvernements fédéral, provinciaux et territoriaux ainsi que les organismes nationaux et provinciaux de sport ont harmonisé leur façon de procéder, leurs politiques et leurs modalités de financement de manière à assurer une formation uniforme des entraîneurs au Canada. Environ 513 000 entraîneurs en ont profité.

Outre le PNCE, beaucoup d'autres faits importants ont marqué les 20 dernières années. Par exemple, en 1971, l'Association canadienne des entraîneurs a été fondée dans le but de promouvoir l'exercice de la profession d'entraîneur et la formation des entraîneurs. En 1986, c'était l'Institut national des entraîneurs qui voyait le jour à Victoria tandis que l'Association canadienne des entraîneurs nationaux devenait réalité.

Malgré les progrès énormes enregistrés depuis les dernières années dans le domaine de l'entraînement et de la formation des entraîneurs au Canada, le Groupe de travail s'est rendu compte que la plupart des Canadiens considèrent les entraîneurs en termes très ambigus - il s'agit ou d'un personnage prestigieux dont le comportement témoigne de diverses excentricités, ou d'un professionnel (remplaçable), ou encore du voisin. Le rôle de l'entraîneur et la nécessité de le former et de le perfectionner sont sous-estimés. Bref, les Canadiens croient que les entraîneurs se font comme çà, et ils ignorent la nécessité de formuler une stratégie bien arrêtée pour fournir à ces mêmes entraîneurs la formation dont ils ont besoin.

Pour dissiper cette croyance, le Groupe de travail dit que nous devons établir une stratégie visant à rehausser la légitimité de l'entraîneur et à valoriser son rôle en tant qu'élément primordial de l'avancement du sport et des athlètes. Il affirme également qu'il faut bien faire comprendre aux Canadiens que l'on ne naît pas entraîneur; pour le devenir, il faut acquérir les compétences nécessaires. Le rôle et l'importance de l'entraîneur dans la société doivent être judicieusement mis en valeur de façon à donner leurs lettres de noblesse à l'entraîneur et à la profession d'entraîneur. De l'avis du Groupe de travail, cette stratégie globale doit porter simultanément sur les études, l'expérience pratique, le recrutement, la professionnalisation, l'image, la légitimité, et un modèle économique et professionnel.

Même si plus d'un demi-million d'entraîneurs ont suivi des cours du PNCE, quelque 20 p. 100 d'entre eux seulement ont terminé le programme complet de certification. Étant donné le fort roulement des entraîneurs aux premiers niveaux de l'entraînement, le système est loin d'avoir formé la majorité des entraîneurs. Comme on a besoin d'entraîneurs compétents au niveau local pour former d'autres entraîneurs au premier échelon, il faut augmenter considérablement le nombre d'entraîneurs de haut calibre. Le Groupe de travail propose que les responsables du PNCE envisagent de se procurer un financement plus important auprès des commanditaires et de recourir aux frais d'utilisation. Le Groupe de travail affirme que grâce à des ressources additionnelles, les coûts actuels pourraient être épongés, tandis que la recherche ainsi que l'élaboration et la promotion du PNCE bénéficieraient de plus de fonds.

Le Groupe de travail conseille vivement la professionnalisation des fonctions d'entraîneur, ce qui inclurait une société d'entraîneurs reconnus ou agréés et garantirait l'établissement et l'application de normes, protégeant ainsi l'athlète et les milieux sportifs contre l'incompétence, sur le plan tant éthique que technique. De l'avis du Groupe de travail, cela favoriserait la légitimité du rôle de l'entraîneur et ferait davantage accepter la profession d'entraîneur.

Le Groupe de travail a constaté que les femmes sont sous-représentées dans le monde des entraîneurs. En effet, elles n'occupent que 5 p. 100 de l'ensemble des postes d'entraîneur en chef des équipes nationales et 18 p. 100 de tous les postes d'entraîneurs nationaux. Le Groupe de travail en vient à la conclusion qu'il faut déployer encore beaucoup plus d'efforts pour recruter davantage de femmes dans le milieu des entraîneurs et pour défendre leur cause au sein du système sportif.

Encore une fois, le Groupe de travail pense que les entraîneurs ont un rôle crucial à jouer pour ce qui est des valeurs et de l'éthique. Plus que toute autre personne, l'entraîneur a une influence vitale sur le développement moral de l'athlète. En leur qualité de chefs de file de premier plan, les entraîneurs doivent être conscients que l'intégrité de la conduite, des valeurs et du comportement est entre leurs mains. Le Groupe de travail avance néanmoins que très peu de pressions de groupe s'exercent dans les milieux de l'entraînement au sujet de cette question fondamentale. Il faut, selon lui, s'attaquer avec plus de vigueur à la question de «la victoire à tout prix», et que les entraîneurs relèvent le défi de recourir aux débats et aux pressions de leurs pairs pour préserver l'intégrité de leur profession. Bref, le Groupe de travail soutient que les entraîneurs doivent accepter de leurs pairs une certaine influence et direction. D'ailleurs, un nouveau code d'éthique de l'entraîneur a été élaboré. Il doit être intégré dans les politiques et les modes de comportement au sein du système sportif.

Dans ses recommandations 11 à 20, le Groupe de travail prescrit ses solutions aux problèmes et aux enjeux auxquels font face les entraîneurs.

Les services à l'appui du sport

Le Groupe de travail écrit que l'entraîneur ne peut à lui seul fournir tous les conseils, transmettre tout le savoir-faire nécessaire et assurer tous les services dont l'athlète a besoin. Il déduit que l'entraîneur et l'athlète ont besoin de services davantage spécialisés, adaptés et intégrés dans six domaines : les compétences en matière de santé, de sécurité et de médecine sportive; les outils de perfectionnement technique; la formation et la prestation de conseils; la promotion et les communications; les outils organisationnels.

Toutefois, le Groupe de travail admet que la complexité du système sportif canadien rend difficile la conception de services de soutien intégrés. Dans ses recommandations 21 à 35, le Groupe de travail propose des façons dont pourrait être comblé l'écart séparant la recherche dans le domaine du sport et son application; des moyens qui inciteraient les entraîneurs et les scientifiques du sport à s'unir en un partenariat solide dans le but d'échanger mutuellement leurs connaissances; des méthodes de coordonner les efforts déployés par les différentes disciplines.

Par exemple, le Groupe de travail recommande au Conseil canadien de la médecine sportive (CCMS) d'effectuer une planification davantage intégrée avec ses associations membres dans le but de rationaliser le processus décisionnel. Il lui conseille également de nouer des liens plus étroits avec les autres groupes non membres de médecine sportive, de sciences du sport et de services paramédicaux, afin que leurs services puissent être incorporés à une série de services offerts au système sportif. Il invite en outre le CCMS et l'Institut canadien de la recherche sur la condition physique et le mode de vie à envisager la possibilité de se fusionner, permettant ainsi la coordination de la recherche dans les domaines du sport et de la condition physique. Le Groupe de travail propose également l'établissement d'un ensemble d'outils organisationnels que les milieux sportifs nationaux et provinciaux offriraient comme service de soutien aux groupes sportifs locaux.

Les bénévoles

Le Groupe de travail reconnaît le rôle essentiel que jouent les bénévoles dans le système sportif. La prestation des programmes de sport à la base est tributaire des parents, des amis et d'autres bénévoles. Une enquête menée récemment sur «les sports et les loisirs» a révélé que le nombre total de bénévoles s'élevait à 1,48 million, ce qui compte pour un tiers de tous les bénévoles au Canada. Le sport ne pourrait exister sans les bénévoles.

À mesure que les organismes de sport prennent de l'expansion, certaines fonctions relèvent désormais du personnel plutôt que des bénévoles, ce qui cause des frictions inévitables. Dans ses recommandations 36 à 39, le Groupe de travail exhorte les organismes reconnus ainsi que les tribunes dans le domaine du sport à envisager de manière officielle et analytique des moyens de gérer les relations entre les bénévoles et le personnel qui procureraient des avantages optimaux aux deux entités en cause. Il est également important que les gouvernements investissent dans le bénévolat, par l'intermédiaire de programmes de formation et de reconnaissance.

Les organismes de sport

Les organismes nationaux et provinciaux de sport sont les principaux responsables de la prestation des programmes de sport de compétition organisé au Canada. Parmi eux figurent les organismes directeurs de chacun des sports tant olympiques que non olympiques, les organismes détenant les concessions des jeux d'importance, les organismes représentant les établissements d'enseignement postsecondaire, d'autres organismes multidisciplinaires et les organismes de services multidisciplinaires.

Le Groupe de travail avance que traditionnellement, nombre d'organismes sportifs ont considéré les autres organismes sportifs comme des concurrents. Il précise cependant que les

ONS se rendent de plus en plus compte qu'ils doivent travailler plus efficacement en tant que «collectivité». Le désir commun d'une plus grande liberté et d'une intervention gouvernementale moins directe dans leurs affaires a été, pour les ONS, un élément de motivation très puissant. Le Groupe de travail croit que les ONS devront métamorphoser leur mentalité, c'est-à-dire abandonner leur façon de voir axée sur la compétitivité, la hiérarchie et les secteurs de compétence, pour adopter une méthode préconisant la collaboration et s'articulant autour d'une vision.

Le Groupe de travail fait remarquer que les organismes multidisciplinaires (OM) et de services multidisciplinaires (OSM) justifient de moyens, d'une perspective unique et de compétences techniques qui, souvent, font qu'ils réussissent mieux que les ONS. Malheureusement, de dire le Groupe de travail, de nombreux OM et OSM doivent recourir à des cajoleries pour inciter les ONS à faire appel à leurs services. Or, même si les ONS ont acheté des services, ils n'ont pas intégré ce savoir-faire dans leurs pratiques courantes de gestion. Le résultat est coûteux : les ONS doivent chaque fois recommencer toutes les étapes de l'apprentissage et de l'application des techniques appropriées. Le Groupe de travail propose donc des moyens d'accroître le transfert des connaissances des OM et des OSM aux ONS pour aider ces derniers à relever les nombreux défis qui les attendent.

Lorsque le Groupe de travail s'est penché sur les relations entre les ONS et leurs homologues provinciaux, les OPS, il s'est rendu compte que les querelles de territoire, dans l'optique «nous d'un côté, eux de l'autre», sont monnaie courante. Par conséquent, les ONS et les OPS n'ont ni l'un ni l'autre suffisamment d'emprise sur les collectivités. Les politiques ne sont pas harmonisées, tandis que les lacunes et les chevauchements foisonnent dans les domaines du soutien et des communications. Au cours des consultations, certains ont imputé cette segmentation aux modèles et aux politiques de financement des gouvernements fédéral et provinciaux. Le Groupe de travail affirme qu'il faut recourir à l'harmonisation pour réduire les chevauchements et améliorer la prestation des programmes. Mais, poursuit-il, il faut aussi que la planification entre les ONS et les OPS se fasse dans une nouvelle optique, et comprenne des stratégies d'intégration verticale et d'harmonisation.

Pour ce qui est de l'aspect technique du sport, le Groupe de travail a appris que même si les sports individuels sont relativement assez avancés sur ce plan, il n'y a pas eu concertation. Il s'ensuit des lacunes et des chevauchements dans la prestation des services techniques et une impression générale que les efforts ne sont pas balisés. Le Groupe de travail propose l'élaboration d'un modèle national de prestation de services techniques dans le but d'offrir aux ONS des services techniques coordonnés et améliorés.

Le Groupe de travail a aussi examiné les relations entre les ONS et leurs fédérations internationales respectives, et il a constaté que les ONS ne se sont jamais donné de stratégies concernant la représentation à l'échelle internationale. Souvent, les nominations auprès d'organismes internationaux visaient à récompenser une personne pour ses bons et loyaux services, ou s'inscrivaient dans les privilèges dévolus aux représentants élus. Par conséquent, le Groupe de travail a constaté que des Canadiens sont rarement nommés à des postes importants sur la scène internationale. Le Groupe de travail précise qu'un ONS qui entend défendre les intérêts et favoriser le développement de sa discipline sportive au Canada se doit de jouer un rôle actif à l'échelle internationale, car les FI ont tellement d'influence pour ce qui est des questions importantes, telles que le dépistage des substances proscrites, les règles d'admissibilité, l'attribution des compétitions et les occasions pour les athlètes féminines de participer à des compétitions.

Dans ses recommandations 40 à 43, le Groupe de travail incite les organismes de sport à exercer une harmonisation davantage proactive et à former un partenariat.

Le sport fondé sur la collectivité

Tout au long de son rapport, le Groupe de travail parle de la nécessité d'harmoniser les politiques nationales et provinciales et de rehausser l'intégration verticale d'un bout à l'autre du système sportif. Il ajoute toutefois qu'une telle intégration verticale ne se fera pas si l'on tente d'appliquer un modèle national au niveau local. Il propose donc l'établissement d'un modèle sportif fondé sur la collectivité, qui fait appel au grand nombre d'atouts et de ressources qu'offre celle-ci.

Le Groupe de travail recommande que le rôle national-fédéral en soit un d'encouragement, de promotion et d'aide spécialisée, au besoin, plutôt qu'un d'intervention dans les affaires provinciales ou municipales.

À la lumière du processus de consultation, le Groupe de travail propose l'élaboration d'un modèle conceptuel pour le sport communautaire appelé «centre de développement du sport». Ce dernier favoriserait la planification et le soutien entre les municipalités, les services municipaux, les écoles, les collèges et les organismes de sport en vue de fournir les installations et les services nécessaires. Ainsi, les différentes ressources seraient mieux coordonnées, tandis que les athlètes et les membres de la collectivité bénéficieraient d'un plus grand choix et de meilleurs services.

Le centre de développement du sport viserait surtout à exposer les enfants aux sports dès leur plus jeune âge. Ces derniers auraient la possibilité de participer à une gamme d'activités sportives et d'améliorer leurs habiletés fondamentales. Des services d'entraîneurs certifiés seraient offerts, et on encouragerait les athlètes de haute performance locaux se retirant de la compétition active à poursuivre leur travail au centre à titre de modèles, d'instructeurs ou d'entraîneurs.

Chaque collectivité choisirait des sports et des mini-jeux convenant à ses traditions, à ses installations et à ses intérêts. Les partenaires mettraient en oeuvre un plan de partage du temps d'utilisation des installations de manière à répondre aux besoins des différents groupes. Les divers intervenants élaboreraient un plan concerté présentant des avantages mutuels et visant la rentabilité.

Les organismes nationaux et provinciaux de sport ont beaucoup à offrir à un modèle sportif fondé sur la collectivité. Par exemple, la technologie, la formation et la certification des entraîneurs, la documentation, les services de soutien et les compétences organisationnelles sont tous des atouts du système sportif. Encore une fois, le gouvernement fédéral et les organismes nationaux de sport devraient, dans ces débats, faire preuve de prudence et de respect à l'égard des rôles des municipalités et des provinces.

Dans ses recommandations 44 et 45, le Groupe de travail somme les différents intervenants d'envisager l'idée d'un sport fondé sur la collectivité et de l'examiner plus à fond.

Le sport et l'éducation

Le Groupe de travail estime que l'éducation scolaire joue un rôle important dans la promotion du sport. Au début, les enfants apprennent à l'école les mouvements de base, avant de passer à des activités physiques plus intenses. C'est souvent lorsqu'ils pratiquent des sports à l'école que les élèves apprennent les règles du sport et la valeur du travail d'équipe ainsi que de l'esprit sportif. Néanmoins, le Groupe de travail déplore qu'au cours des dernières années, de nombreux établissements d'enseignement ont réduit le temps réservé à l'éducation physique et au sport.

Bien que les études révèlent que les élèves s'adonnant à des sports semblent obtenir de meilleurs résultats scolaires, le Groupe de travail a constaté que le système d'éducation ne prend pas le sport au sérieux. À son avis, le sport est trop souvent perçu comme une activité parascolaire et non comme une partie intégrante du programme d'études.

Jamais le système d'éducation et le système sportif n'ont travaillé ensemble dans l'intérêt des jeunes qui font du sport et dans celui des étudiants-athlètes. Cependant, lorsque des efforts de collaboration ont été déployés, les étudiants-athlètes en ont grandement profité. (Il ne faudrait pas passer sous silence la création de programmes sports-études et de comités provinciaux et interministériels d'éducation et de sport.) Le Groupe de travail signale toutefois que grâce à des études menées conjointement, les liens se raffermissent entre ces deux milieux au niveau universitaire et collégial. Il dit qu'en s'inspirant de ces modèles et expériences, les responsables des écoles primaires et secondaires et les représentants du système sportif pourraient entreprendre ensemble des études qui permettraient de recueillir les renseignements nécessaires et de formuler des stratégies de rapprochement.

Dans ses recommandations 46 à 48, le Groupe de travail propose des façons de rapprocher le système sportif et le système d'éducation. Il demande instamment aux responsables du sport au sein des gouvernements fédéral et provinciaux-territoriaux, ainsi qu'aux organismes de sport à l'échelle nationale et provinciale, d'entreprendre des activités qui favoriseront des échanges profitables entre le système sportif et le système d'éducation. Le nouveau programme national de recherche dans le domaine du sport que propose le Groupe de travail se veut un mécanisme complémentaire.

L'accueil de jeux au Canada

Bien que, par le passé, les jeux multidisciplinaires aient toujours retenu notre attention, les jeux unidisciplinaires jouissent d'un prestige de plus en plus grand. Grâce à sa richesse, à ses installations et à son fuseau horaire nord-américain, le Canada a beaucoup à offrir.

Dans sa recommandation 49, le Groupe de travail exhorte la Direction générale de la condition physique et du sport amateur à mettre en oeuvre une nouvelle politique d'accueil qui privilégie une stratégie à long terme concernant l'accueil des compétitions internationales et des championnats mondiaux unidisciplinaires d'importance, qui donne aux athlètes canadiens l'occasion d'être vus par les Canadiens et qui maintient l'intérêt à l'égard du sport non professionnel entre les jeux d'importance.

La promotion de l'expérience sportive

Tout au long de son rapport, le Groupe de travail parle du rôle important que joue le sport dans la société canadienne. Pourtant, souligne-t-il, peu de Canadiens connaissent vraiment bien le monde du sport non professionnel. Ce manque de connaissance est un problème qui frappe le sport et est le résultat direct de l'incapacité du sport amateur de se promouvoir avantageusement.

Le Groupe de travail énumère et détruit un certain nombre de mythes qui guident les activités de promotion du sport amateur, les qualifiant d'obstacles majeurs à une promotion efficace. Entre autres mythes cités, il y a la croyance que le sport amateur se vend lui-même, qu'il n'a qu'à se manifester et que les médias et le public canadien «iront vers lui». Cependant, le Groupe de travail affirme que l'insuffisance de la couverture médiatique accordée actuellement au sport amateur et le fait que celui-ci soit méconnu du public viennent réfuter cette présomption.

Le Groupe de travail s'est aussi dit préoccupé par l'énorme effet de la couverture du sport professionnel par les médias, qui insistent lourdement sur la victoire, les grands noms du sport, l'attrait global et les valeurs commerciales, au détriment de l'aspect «sport» ou «technique» et des avantages intrinsèques de l'expérience sportive.

Le Groupe de travail se penche sur le rôle des médias et avance que ceux-ci pourraient agir à titre de moyen de changement, au lieu d'en être l'agent. Il ajoute que la collectivité sportive doit devenir plus professionnelle dans sa façon de traiter avec les médias, notamment pour ce qui est de fournir des renseignements sur les athlètes canadiens participant à des compétitions internationales.

Dans ses recommandations 50 à 52, le Groupe de travail propose que Le marketing canadien du sport et de la condition physique inc., en collaboration avec les organismes nationaux de sport, dresse un plan davantage proactif et stratégique et entreprenne une série d'initiatives visant à mieux faire comprendre le sport aux Canadiens et à promouvoir les avantages et les valeurs intrinsèques du sport, tout comme ses qualités de divertissement.

Le sport international

Le Groupe de travail donne un aperçu général de la structure du sport international ainsi que de l'immense influence qu'elle exerce sur la scène nationale. Il examine également un certain nombre de questions qui sont cruciales pour le développement du sport à l'échelle internationale.

Il dit qu'il y a un écart entre les nations sportives industrialisées et celles qui sont en voie de développement, écart qui ne cesse de s'agrandir. La montée du mercantilisme dans le sport a eu un effet énorme à l'échelle internationale. La collectivité sportive internationale doit se préoccuper de questions fondamentales telles que le dopage dans le sport, les femmes dans le sport et les changements politiques que connaît le monde d'aujourd'hui.

Le Groupe de travail a également examiné la nouvelle orientation qui se dessine : «l'amateurisme» qui fait place à «l'admissibilité des athlètes professionnels». Il aborde aussi la nécessité de former des alliances stratégiques, étant donné la présence de «blocs» qui se fait de plus en plus sentir au sein du CIO et des FI.

En ce qui concerne le rôle du gouvernement, le Groupe de travail a passé en revue le programme des relations internationales du gouvernement fédéral et a cerné cinq domaines où il y aurait lieu de prendre des mesures visant à accroître le nombre de Canadiens à des postes d'influence sur la scène internationale.

Dans ses recommandations 53 à 56, le Groupe de travail somme les organismes nationaux de sport et la Direction générale de la condition physique et du sport amateur de formuler des stratégies et de prendre des mesures visant à intensifier l'influence du Canada sur la scène internationale et à participer au règlement des grands problèmes globaux touchant le sport.

PARTIE IV : LE SPORT ET LA SOCIÉTÉ

Dans cette section du rapport, le Groupe de travail se penche sur certaines des obligations sociétales de la collectivité sportive, en échange des fonds publics qu'elle reçoit, ainsi que sur la responsabilité de celle-ci concernant le soi-disant mandat public. Le Groupe de travail soutient que les organismes de sport ont le devoir légal et moral de servir l'intérêt public. Il ajoute que ce mandat public comporte diverses activités, notamment exécuter le mandat de l'organisme, assurer une direction éthique, respecter les valeurs canadiennes, développer les jeunes canadiens, offrir des expériences sportives de qualité et gérer judicieusement les ressources.

Dans sa recommandation 57, le Groupe de travail propose aux organismes de sport quelques moyens de mieux répondre aux attentes sociales. Par exemple, il avance que bon nombre d'organismes directeurs de sport pourraient mieux réussir à remplir leur propre mandat en préconisant le développement général de certains sports (et non seulement le sport de haute performance). De plus, il affirme que les organismes de sport doivent être plus explicites dans leurs valeurs. Enfin, le Groupe de travail prétend que le sport doit devenir plus équitable et plus accessible dans le cas des femmes et des groupes minoritaires.

Pour ce qui est de la discrimination, le Groupe de travail juge que les décisions et les pratiques subjectives peuvent se révéler discriminatoires, et l'ont parfois été, surtout à l'égard des groupes minoritaires qui pratiquent un sport donné. Bien que le Groupe de travail n'ait entendu aucune plainte précise au sujet de pratiques discriminatoires flagrantes, répétées ou préméditées, il considère que le recours à de telles pratiques a été démontré par le passé et qu'on pourrait encore le démontrer aujourd'hui.

Plus inquiétant encore, le Groupe de travail se demande s'il n'existe pas au sein du système sportif des barrières intrinsèques qui ne sont pas intentionnellement discriminatoires, mais plutôt tendancieuses en raison de leur incidence. Cette section examine certaines de ces barrières et les défis qu'elles posent.

Le bilinguisme dans le sport

Selon le Groupe de travail, l'un des défis que doit relever le sport au Canada consiste à fournir aux deux principaux groupes linguistiques et culturels du pays des services dans la langue de leur choix. Cependant, ce défi ne se limite pas à la prestation des services dans les deux langues : il s'agit en fait de créer une collectivité sportive véritablement nationale où francophones et anglophones sont les bienvenus, dans un système qui garantit aux deux groupes des chances égales de participer et d'administrer.

Le Groupe de travail dit que les milieux sportifs doivent apprendre que les francophones et les anglophones n'ont pas la même façon de voir la vie et d'occuper leurs loisirs et que différents sports plaisent à différentes personnes. Le sport canadien a connu les mêmes heurts et malheurs que le Canada dans ses efforts pour offrir des services équitables et pour célébrer les différences. Bien que certains qualifient les progrès de lents, le Groupe de travail signale que des points ont été marqués grâce au Programme d'initiatives en matière de bilinguisme de la Direction générale de la condition physique et du sport amateur ainsi qu'aux «efforts prodigieux» déployés par les organismes nationaux de sport.

Dans ses recommandations 58 à 62, le Groupe de travail indique que pour en venir à une collectivité sportive canadienne bilingue et biculturelle, la solution réside dans le désir des deux groupes linguistiques de partager l'expérience sportive. Il dit que la sensibilisation, l'information et les communications sont essentielles à la création de liens entre les deux groupes linguistiques. Il souligne également que le défi d'établir un système sportif bilingue et biculturel, agréable tant pour les anglophones que pour les francophones, relève non seulement du gouvernement fédéral, mais aussi de l'ensemble de la collectivité sportive canadienne.

L'équité et l'accès

Il faut intégrer dans les politiques et les modes de comportement du système sportif une équité et un accès plus grands pour les différents groupes de Canadiens, y compris les femmes, les autochtones, les Canadiens et Canadiennes ayant un handicap et les minorités ethniques et visibles.

Les femmes et le sport

Le Groupe de travail fait observer que les femmes ne sont pas équitablement représentées dans le sport scolaire, le sport organisé, la profession d'entraîneur, le rôle d'officiel et les organismes de sport. Il avance que cette situation ne découle pas d'un choix, mais qu'elle est plutôt imputable au fait que l'ensemble du continuum sportif est marqué par l'exclusion subtile et la discrimination systématique des femmes. Bien que le Groupe de travail constate que certains progrès ont été réalisés, il trouve inacceptable la lenteur avec laquelle ils apparaissent.

Le Groupe de travail est d'avis qu'il faut accélérer sensiblement le rythme de la progression vers la participation et l'avancement des filles et des femmes dans la continuum sportif et les divers niveaux des organismes de sport, de manière à assurer un traitement juste et équitable à la moitié de la population canadienne. Dans ses recommandations 63 et 64, le Groupe de travail énonce les dispositions que doivent prendre la Direction générale de la condition physique et du sport amateur et les organismes nationaux de sport.

La collectivité autochtone

Quoique le sport soit profondément ancré dans l'histoire culturelle des peuples autochtones du Canada, ceux-ci ne font pas vraiment partie du système sportif canadien. Peu de jeunes autochtones canadiens atteignent les niveaux national ou international de compétition.

Les Canadiens autochtones ont exprimé énergiquement leurs opinions au Groupe de travail. Ils considèrent le sport comme l'une des solutions à long terme à leurs problèmes. Ils veulent toutefois demeurer aux commandes du sport jusqu'à ce que leurs jeunes aient acquis un solide sens des valeurs.

Dans ses recommandations 65 et 66, le Groupe de travail répond vigoureusement aux propos des autochtones en approuvant un projet de créer un secrétariat du sport pour les peuples autochtones, qui agirait à titre d'organisme national pour les peuples autochtones.

Les athlètes ayant un handicap

Le Groupe de travail s'est rendu compte que les athlètes ayant un handicap ne sont pas unanimes quant à la méthode à adopter pour accroître leur participation aux activités du système sportif principal. Certains préconisent l'accès égal à toutes les activités, sans égard aux niveaux d'habileté ou aux caractéristiques des participants. Dans ses recommandations 67 et 68, le Groupe de travail privilégie une approche semblable à celle de la *Charte canadienne des droits et libertés*, fondée sur l'inclusion dans la mesure où les besoins des personnes concernées sont respectés. Ce concept reconnaît le **droit** des athlètes ayant un handicap d'être admis dans le système sportif selon le principe du traitement équitable. Il admet divers modèles d'inclusion conçus pour répondre aux besoins des différents niveaux d'adresse et de capacité.

Les groupes ethniques et les minorités visibles

Le Groupe de travail a trouvé peu de données sur les taux de participation des groupes ethniques et des minorités visibles, mais tout porte à croire que ce taux est peu élevé.

Dans ses recommandations 69 et 70, le Groupe de travail demande que des mesures soient prises dans ce domaine. Il dit que les ministres fédéral, provinciaux et territoriaux responsables du sport, en consultation avec les ministres provinciaux et territoriaux appropriés, devraient lancer une stratégie nationale visant à promouvoir l'accès au sport auprès des Canadiens appartenant à des groupes ethniques ou à des minorités visibles.

Les nouvelles tendances sociales

Le Groupe de travail dit que les nouvelles tendances sociales offrent au sport un bon nombre de perspectives. Par exemple, la population vieillissante offre aux organismes de sport d'innombrables possibilités de créer de nouveaux programmes et de recruter de nouvelles ressources, particulièrement en ce qui concerne les vétérans et les aînés. De plus, l'augmentation du nombre de Canadiens défavorisés sur le plan économique pose un défi, mais constitue aussi une occasion qui pourrait se révéler profitable pour le pays.

Dans ses recommandations 71 et 72, le Groupe de travail exhorte la Direction générale de la condition physique et du sport amateur à former des alliances afin d'améliorer les possibilités offertes aux Canadiens défavorisés de s'adonner au sport, et à suivre les tendances démographiques pour repérer les nouveaux groupes ou points d'intérêt qui pourraient bénéficier grandement des avantages que procure le sport.

L'éthique dans le sport

Le Groupe de travail rapporte que traditionnellement, les valeurs et l'éthique ont été inculquées aux enfants par les parents, l'église et l'école. Toutefois, vu les réalités d'aujourd'hui que sont les familles monoparentales, les parents qui travaillent et le climat économique difficile, les tensions qui pèsent sur la vie familiale laissent moins de temps pour l'apprentissage des valeurs et de l'éthique. L'église joue un rôle plus effacé dans l'enseignement des valeurs et de l'éthique. Dans les écoles, on accorde moins de temps au sport, à l'éducation physique et à l'apprentissage de la discipline, de l'esprit sportif et du respect des règles. Les budgets alloués à l'éducation ont diminué; compte tenu de la taille et de la composition des classes, les enseignants ont moins d'énergie pour des activités sportives parascolaires. Le Groupe de travail en conclut que tous ces facteurs ont nui à la formation morale de la jeunesse canadienne à un moment où cette formation devient de plus en plus cruciale.

Le Groupe de travail précise que les milieux sportifs commencent à s'intéresser à cet écart sociétal en acceptant de devenir un chef de file de l'enseignement des valeurs et de l'éthique aux jeunes canadiens.

Mais le Groupe de travail a décelé une troublante tendance dans le sport de haute performance et le sport professionnel : l'abandon de ce qu'il appelle l'éthique «fondée sur les règles» au profit de ce qu'il appelle l'éthique «fondée sur le résultat», que nous retrouvons dans le sport professionnel. Dans l'éthique «fondée sur les règles», les règles, principes et valeurs guident le comportement en décrivant le mode de conduite acceptable. Quant à l'éthique «fondée sur le résultat», les jugements sur les comportements ou les actions sont fondés moins sur des règles, des valeurs et des principes que sur le résultat désiré, soit la victoire. Cela est particulièrement vrai dans le sport professionnel, qui véhicule des valeurs de divertissement et des valeurs commerciales. L'objectif est d'atteindre les buts commerciaux en remportant la victoire, répondant ainsi aux besoins tant du spectateur que des commanditaires. Cependant, le Groupe de travail souligne que ce n'est peut-être pas le meilleur incitatif pour le système sportif (non professionnel) canadien.

Les données de sondage qu'a dépouillées le Groupe de travail révèlent que les Canadiens commencent à percevoir ce changement d'orientation, et la population perd de plus en plus confiance en la capacité du sport d'inculquer aux jeunes des valeurs et un sens de l'éthique.

Le Groupe de travail a demandé à la Commission pour l'esprit sportif et à Sport Canada d'examiner l'éthique des règles et des conventions. Deux organismes nationaux de sport (le tennis et le soccer) ont accepté de participer. L'étude a révélé que les entraîneurs, les officiels et les athlètes ne perçoivent pas de la même manière ce que sont des comportements acceptables ou inacceptables sur le plan moral, en particulier en ce qui a trait aux conventions du jeu. On a noté une tendance à rejeter la responsabilité sur les autres lorsqu'un comportement inacceptable survient.

Le Groupe de travail s'est penché sur la question de la santé et de la sécurité des athlètes et a conclu qu'il était, en fait, immoral de négliger cet aspect. Il avance que la protection des athlètes est une question éthique que partagent l'athlète, l'entraîneur et l'organisme.

Pour ce qui est du problème de la violence et du comportement éthique, le Groupe de travail ne croit pas que les agressions physiques entraînant des blessures inutiles fassent partie du jeu. Il revient au sport, à ses athlètes, à ses entraîneurs et à ses officiels de les éviter.

Dans son rapport, le juge en chef Dubin a fait observer que le sport au Canada se trouve à la croisée des chemins, c'est-à-dire qu'il doit décider s'il fonctionnera sur une base éthique et si les valeurs qui ont naguère permis de définir l'essence profonde du sport ont toujours la même signification aujourd'hui. À en juger par les différentes réponses au rapport Dubin, le Groupe de travail estime que le gouvernement fédéral a su relever le défi. Il fait toutefois remarquer que la philosophie axée sur le contrôle qui est véhiculée dans les réponses, surtout dans le domaine du dopage dans le sport, ne suffit pas à elle seule. L'engagement envers un sport «propre» doit venir des athlètes, des entraîneurs, des officiels et des organismes de sport, qui souscrivent à des valeurs et à un comportement moral issus de leurs propres convictions quant à ce qui est souhaité pour le sport.

Le Groupe de travail croit que l'essence même du sport est la compétition loyale. Bref, si le sport n'est pas juste, il n'y a pas de sport du tout. Le Groupe de travail croit que les organismes de sport adhèrent à ce principe et sont conscients de ses répercussions. Mais il prévient qu'il ne sera pas aisé de changer les attitudes. Les pratiques, les coutumes, ne se prêtent pas facilement aux changements. En fait, le Groupe de travail dit qu'elles n'évolueront pas sans des mesures explicites.

Le Groupe de travail voit la solution de l'avenir dans la volonté de la collectivité sportive de s'auto-évaluer sciemment, d'entreprendre des débats et de se soumettre à l'examen de ses pairs, afin de provoquer des changements dans ce domaine. Dans ses recommandations 73 à 83, le Groupe de travail propose des façons qui permettraient à la collectivité sportive d'adopter les valeurs qui ont été établies et convenues au cours du processus de consultation et de les intégrer.

PARTIE V : LES GOUVERNEMENTS ET LE SPORT

Le rôle des gouvernements

Le sport est si fondamental et si important que les gouvernements de la majorité des pays y participent depuis de nombreuses années. Les administrations canadiennes (fédérale, provinciales-territoriales et municipales) ont joué un rôle essentiel dans le financement, la direction et l'orientation du sport.

Le gouvernement fédéral s'occupe de questions telles que le bilinguisme, la participation des femmes dans le sport, le développement du sport de haute performance, les jeux d'importance, l'accès, la santé, les valeurs et l'éthique, ainsi que la lutte contre le dopage. De l'avis du Groupe de travail, le gouvernement fédéral a décidé de prendre les commandes du sport canadien après avoir constaté le rendement médiocre du Canada aux compétitions internationales et la mauvaise condition physique des Canadiens dans les années 60 et 70. Le fait que le gouvernement fédéral ait consacré ses fonds principalement au sport de haute performance lui a conféré une influence considérable sur les organismes nationaux de sport.

Dans leurs propres secteurs de compétence, les gouvernements provinciaux et territoriaux se sont dotés d'un rôle semblable à celui du gouvernement fédéral. (Nota : Un accord provisoire concernant les rôles respectifs du gouvernement fédéral et des provinces et territoires a été établi en 1985.) L'énorme responsabilité qui incombe aux administrations municipales quant à l'aménagement et à la gestion des installations ainsi qu'aux programmes de sport récréatif et communautaire a été passablement négligée dans toutes les tentatives faites pour planifier le sport à l'échelle nationale.

Tout au long des consultations, le Groupe de travail a appris que la collectivité sportive s'accorde quasiment à l'unanimité pour dire que l'intervention du gouvernement dans les affaires des organismes de sport est devenue excessive. Il est temps, dit-il, de rétablir l'équilibre.

Dans la vision que le Groupe de travail a du sport, le gouvernement fédéral est un partenaire à part entière, au même titre que les administrations provinciales, territoriales et municipales, les organismes de sport, les entraîneurs, les athlètes et les chefs de file. Ensemble, ils tissent l'avenir du sport au Canada.

Le Groupe de travail est persuadé que pour mettre sur pied un système sportif intégré et cohésif, les gouvernements fédéral, provinciaux et territoriaux doivent revoir les politiques, les rôles et les programmes en vigueur et envisager de nouvelles responsabilités et de nouveaux rôles de collaboration.

Dans le cadre d'un partenariat coopératif proposé par le Groupe de travail, le gouvernement fédéral n'influerait plus sur les activités courantes des organismes de sport. Le contrôle et la direction feraient place à une direction partagée, assortie d'une vision, de valeurs et de buts communs pour le sport.

Pour concrétiser en partie cette vision, le Groupe de travail dit que le gouvernement fédéral devra restructurer la Direction générale de la condition physique et du sport amateur (recommandation 84), de façon que celle-ci joue un rôle d'orientation plus générale dans le domaine de l'activité physique et exerce une direction plus médiatrice.

Les politiques et les programmes du gouvernement fédéral en matière de sport

Sport Canada, une direction de la Direction générale de la condition physique et du sport amateur, est le principal organisme fédéral qui s'occupe des activités courantes du système sportif. Sport Canada a la responsabilité d'entretenir des liens avec les organismes de sport et les ministères provinciaux et territoriaux responsables du sport.

Le Groupe de travail a examiné un certain nombre de politiques et de programmes de Sport Canada et propose d'apporter dans quatre domaines des modifications considérables (les recommandations 85 à 98), qui s'inscrivent dans la nouvelle philosophie de partenariat privilégiée par le Groupe de travail.

La gestion des ressources humaines

Les postes au sein de la plupart des organismes nationaux de sport sont occupés par du personnel administratif et technique, subventionné en grande partie par Sport Canada. Le personnel de Sport Canada participe d'ailleurs au processus de sélection et d'évaluation de ces employés. Cette intervention dans la gestion du personnel est issue du besoin perçu de veiller à ce que les organismes nationaux de sport appliquent des politiques et des programmes appropriés.

Le Groupe de travail estime néanmoins cette participation excessive. Il dit que le personnel de Sport Canada ne devrait plus s'occuper de la gestion des ressources humaines au sein des organismes de sport. Il croit que le gouvernement peut veiller à ce qu'il y ait un processus de sélection et d'autres pratiques appropriées en imposant des conditions générales pour les postes subventionnés. Le respect de ces conditions pourrait être surveillé à l'aide du cadre de responsabilité (recommandation 85).

Le processus de planification quadriennale

Sport Canada a instauré le processus de planification quadriennale, soit le PPQ, en 1984. Il s'agit d'un cycle de planification d'une durée de quatre ans concernant le développement du sport de haute performance, et ultérieurement le sport au pays et la gestion organisationnelle. Il vise à aider les organismes de sport à dresser systématiquement des programmes pour le sport de haute performance.

Au cours des consultations, les organismes de sport ont sévèrement critiqué le PPQ pour diverses raisons. Beaucoup le considèrent comme un processus complexe, qui accapare trop de personnel et de bénévoles et n'en vaut pas la peine.

Le Groupe de travail confirme qu'une planification stratégique à long terme demeure essentielle, mais il dit que le PPQ n'est pas la seule solution. Le Groupe de travail veut que le PPQ soit facultatif, et non une condition pour l'obtention de fonds (recommandation 86).

Le Programme d'aide aux athlètes

Les athlètes de haute performance détiennent un brevet, ce qui leur permet de recevoir directement des fonds du gouvernement. Il y a environ 850 athlètes qui touchent un montant mensuel allant de 150 $ à 650 $. La plupart sont titulaires d'un brevet C, ce qui leur donne droit à une allocation mensuelle de 450 $. Très peu obtiennent des revenus d'autres sources.

L'aide aux athlètes n'est ni un salaire, ni une rétribution. Elle sert à absorber les frais d'entraînement, de compétition et de scolarité des athlètes de calibre international.

Le Groupe de travail appuie l'idée du Programme d'aide aux athlètes (recommandation 88), mais il propose d'y apporter des modifications. Entre autres, il recommande de faire du brevet C le brevet national de base. On y reconnaîtrait aussi les athlètes qui remportent des championnats nationaux et qui font partie d'un programme d'équipe nationale subventionné par le gouvernement fédéral (recommandation 89). Il servirait à déterminer le montant versé à tous les athlètes brevetés. Dans le cadre de ce système, les brevets A et B seraient octroyés aux athlètes de calibre mondial pour les aider à payer les frais d'entraînement et de compétition. De plus, sous réserve de l'accord des provinces intéressées, le Groupe de travail préconise fortement l'harmonisation des politiques provinciales d'aide aux athlètes (recommandation 92).

Le Groupe de travail écrit que Sport Canada doit établir un mécanisme de consultation directe avec les athlètes pour permettre à ces derniers de participer au processus décisionnel lié au Programme d'aide aux athlètes (recommandation 93).

Le Groupe de travail reconnaît la nécessité d'aider les athlètes de haute performance à réintégrer la vie normale lorsqu'ils se retirent de la compétition active. Il recommande une étude de faisabilité concernant la création d'une fondation des athlètes dans le but de faciliter cette transition (recommandation 94).

Le Groupe de travail fait observer que les allocations du PAA n'ont pas été majorées depuis 1985-1986, tandis que le budget global pour le programme a diminué depuis 1987-1988. Le Groupe de travail croit que l'aide directe aux athlètes devrait être une des priorités du gouvernement en matière de financement. S'il est impossible de trouver des fonds additionnels, il recommande que des fonds soient puisés dans d'autres volets du budget réservé au sport (recommandation 91).

Dans le rapport Dubin, on a proposé de procéder à l'examen des ressources des bénéficiaires du PAA. Le Groupe de travail s'est penché sur cette idée et l'a rejetée, alléguant qu'elle ne s'inscrit pas dans la politique actuelle du gouvernement canadien. Cependant, il recommande que les athlètes dont les fonds en fiducie s'élèvent à 100 000 $ ne soient plus admissibles au PAA.

Le système de reconnaissance des sports

En 1985, le système de reconnaissance des sports était mis sur pied pour classer les sports aux fins de reconnaissance et de financement. Depuis, les sports n'ont cessé de proliférer, tandis que la demande en programmes et en aide financière ne fait qu'augmenter, tout cela à un moment où les fonds fédéraux sont assujettis à des restrictions.

Il ressort clairement des commentaires reçus par le Groupe de travail que le système de reconnaissance des sports est considéré discriminatoire, trop limitatif, arbitraire et subjectif quant à son application. Le Groupe de travail conclut toutefois qu'en dépit des remous que suscite le système de reconnaissance des sports, il n'en demeure pas moins nécessaire.

Le Groupe de travail préconise pour l'avenir un nouveau cadre d'admissibilité au financement qui comporterait des critères guidant le choix des sports devant toucher des fonds publics. Grâce à ce cadre, on réussirait à réduire en fin de compte le nombre global de sports visés ainsi que le nombre de programmes de sport international subventionnés. Le Groupe de travail formule ses propositions dans ses recommandations 95 à 97.

Les critères d'admissibilité : Au début, le gouvernement continuerait de reconnaître et de subventionner pendant une période de temps convenue (cinq ans) les 63 sports bénéficiant actuellement de contributions. Après cette période de grâce, tout sport ne satisfaisant pas aux critères d'admissibilité établis se verrait privé des fonds du gouvernement fédéral, ce qui sous-entend que le gouvernement fédéral financera moins de sports d'ici cinq ans.

Les sports de base : Parmi les sports qui réussiront à satisfaire aux critères d'admissibilité du gouvernement fédéral (c'est-à-dire qu'ils continueront à recevoir des fonds fédéraux), un deuxième jeu de critères de sélection serait appliqué. Ceux-ci seraient élaborés conjointement par les gouvernements fédéral, provinciaux et territoriaux, en vue de mettre l'accent sur un **«ensemble de sports canadiens de base» (peut-être 30 à 40 tout au plus)**. Les sports de base seraient arrêtés en fonction de critères portant, par exemple, sur l'importance historique, culturelle, géographique et développemental du sport. Les sports dits «de base» auraient droit à des niveaux de financement majorés.

L'évaluation : Le profil de base ainsi que les plans stratégiques de tous les sports «reconnus» aux fins des fonds fédéraux seraient évalués. En se fondant sur cette évaluation, le gouvernement fédéral offrirait aux organismes de sport l'accès à des programmes d'aide financière comportant un engagement à plus long terme (de trois à cinq ans).

Les programmes internationaux

Le Groupe de travail exhorte les gouvernements fédéral, provinciaux et territoriaux de s'entendre sur une série de sports de base qui recevraient une attention particulière continue de la part des deux paliers, au Canada. Il laisse entendre qu'il est maintenant temps de réduire le nombre de sports subventionnés à même les fonds publics pour leur permettre de participer aux programmes internationaux. Le Groupe de travail dit que le gouvernement fédéral ne peut tout simplement pas se permettre de répartir ses ressources consacrées aux efforts internationaux entre le nombre actuel de sports (recommandation 97).

MODÈLE CONCERNANT L'ADMISSIBILITÉ AU FINANCEMENT DES SPORTS

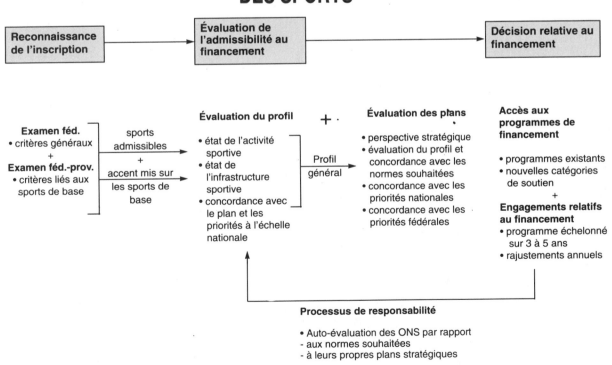

Le processus de financement du gouvernement fédéral

Les dépenses annuelles fédérales liées au sport amateur sont passées de moins de 1 million de dollars en 1961 à environ 58 millions en 1991. Cependant, de dire le Groupe de travail, entre 1988 et aujourd'hui, il y a eu un recul du financement, tant en dollars réels qu'en dollars constants, parallèlement à une tendance généralisée aux restrictions dans tous les secteurs de financement fédéral.

La participation fédérale est une composante essentielle de la base de ressources des organismes nationaux de sport. En effet, en 1989, les fonds fédéraux (versés presque exclusivement par l'entremise de Condition physique et Sport amateur) représentaient en moyenne 70 p. 100 des montants dont disposaient les ONS.

Néanmoins, au cours des consultations menées par le Groupe de travail, divers intervenants ont critiqué en long et en large le processus de financement. Les ONS se sont plaints des retards dans les décisions en matière de financement, de l'impossibilité de financement à long terme et de l'obligation de produire des rapports trop nombreux et trop fréquents. Il est normal d'imposer des conditions liées aux contributions du gouvernement, le Groupe de travail en convient, mais il estime que les mesures auxquelles doivent se plier les organismes de sport sont excessives.

Dans ses recommandations 99 à 104, le Groupe de travail recommande à la Direction générale de la condition physique et du sport amateur de continuer à subventionner les organismes nationaux de sport sous forme de contributions et d'adopter pour le sport un cadre de financement s'étendant sur trois à cinq ans. De plus, il lui conseille d'entreprendre un examen exhaustif des exigences comptables actuelles, dans le but de simplifier le processus et de réduire la paperasserie.

RÉPARTITION DES FONDS ENTRE LES PROGRAMMES DE BASE DE CPSA

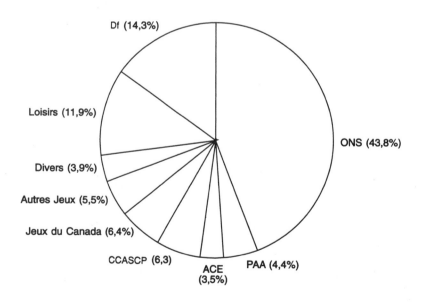

FINANCEMENT TOTAL DE 1961 À 1991
950 221 000 $

ACE -	Association canadienne des entraîneurs
CCASCP -	Centre canadien d'administration du sport et de la condition physique (à l'origine, le Centre national du sport et de la récréation, CNSR)

Df -	Dépenses de fonctionnement
ONS -	Organismes nationaux de sport
PAA -	Programme d'aide aux athlètes (à l'origine, le Programme de subventions aux athlètes-étudiants)

PARTIE VI : CHANGEMENTS ET RENOUVEAU

Le Groupe de travail établit les organismes nationaux de sport et les organismes provinciaux de sport comme le pivot de la prestation des programmes de sport de compétition organisé au Canada. Le Groupe de travail dit que dans l'avenir, la «prestation des programmes» devrait constituer l'une des responsabilités clés des organismes nationaux et provinciaux de sport.

En assumant une plus vaste gamme de responsabilités et en en faisant la preuve, la collectivité sportive aurait l'occasion de transformer fondamentalement ses relations avec le gouvernement, troquant son rôle de «client» contre celui de «partenaire».

Le Groupe de travail voit la métamorphose des relations de la collectivité sportive avec le gouvernement comme un processus évolutif, auquel seraient greffées de nouvelles stratégies dans trois grands domaines : la responsabilité, la planification économique et la direction.

Il soutient que le rôle du ministre d'État à la Condition physique et au Sport amateur, à titre de représentant politique du sport, de lien entre le sport, le Parlement et les Canadiens, ainsi que d'ardent défenseur des changements proposés, sera crucial. Il ajoute que certains changements qui sont proposés mettront les organismes de sport et la Direction générale de la condition physique et du sport amateur au premier rang des entités touchées par les changements organisationnels prévus au Canada au cours des années 90. Si le Ministre décide d'aller de l'avant, le Groupe de travail recommande au gouvernement fédéral de reconnaître l'ampleur et la nature des changements en cause, de fournir un appui financier considérable et de faire preuve d'énormément de patience.

Un nouveau cadre de responsabilité

En conséquence de la Commission d'enquête Dubin, l'image et les attentes que la société associe au sport ne sont plus les mêmes. Le public canadien s'attend maintenant à ce que les organismes de sport agissent de manière responsable et qu'ils façonnent les valeurs et la conduite morale qui devraient être véhiculées par l'intermédiaire de l'expérience sportive. Le Groupe de travail estime le principe du «mandat public» fondamental à la notion de responsabilité.

Les organismes nationaux de sport (quelque 80 organismes unidisciplinaires et multidisciplinaires) ont bénéficié de privilèges explicites, par exemple une situation fiscale spéciale et des fonds annuels consacrés. En échange de ces privilèges, le Groupe de travail recommande un nouveau cadre de responsabilité plus général et précise envers qui et de quoi les principaux partenaires du système sportif devraient être responsables. Il ajoute toutefois que dans cette nouvelle approche, non seulement la reddition des comptes doit-elle être abordée, mais aussi un sens des responsabilités plus étendu quant au mandat public.

Dans le cadre d'admissibilité que propose le Groupe de travail, un des aspects importants est de demander aux organismes nationaux de sport de prêter une signification plus globale au sens des responsabilités dans le sport. Dans l'avenir, les organismes nationaux de sport, qui sont devenus de plus en plus préoccupés par la gestion interne, doivent se tourner vers l'extérieur. Ils doivent reporter clairement leur attention sur les besoins des athlètes et des membres, de dire le Groupe de travail. Ils doivent reconnaître pleinement leur responsabilité en tant que détenteurs du mandat public. Enfin, ils doivent témoigner d'une responsabilité appropriée envers ceux qui les financent, soit le gouvernement fédéral et les autres sources de financement.

Le Groupe de travail veut remplacer l'étroit et vieux concept de responsabilité, qui insiste presque exclusivement sur le degré de réussite atteint sur la scène de la haute performance (et recherché en raison des attentes liées au financement fédéral), par une responsabilité qui serait mesurée au moyen d'un critère plus équilibré.

Le nouveau critère porterait sur les progrès réalisés au sein d'un plan sportif national (pas seulement fédéral) et vers une meilleure harmonisation nationale-provinciale, du «haut vers le bas» et du «bas vers le haut» (verticale). Les progrès réalisés au niveau des attentes sociétales (par exemple, la sécurité et la santé, l'équité et l'accès et les questions d'éthique) entreraient également en ligne de compte. Le nouveau programme d'admissibilité au financement des sports proposé par le Groupe de travail servirait à évaluer les progrès dans ces nouveaux domaines; le gouvernement fédéral se fonderait sur les résultats pour prendre ses décisions en matière de financement. À plus long terme, le Groupe de travail aimerait que les organismes nationaux de sport intègrent ce genre de cadre de responsabilité dans leurs plans stratégiques et leurs processus d'auto-évaluation.

CADRE DE RESPONSABILITÉ
<<UN MANDAT PUBLIC>>

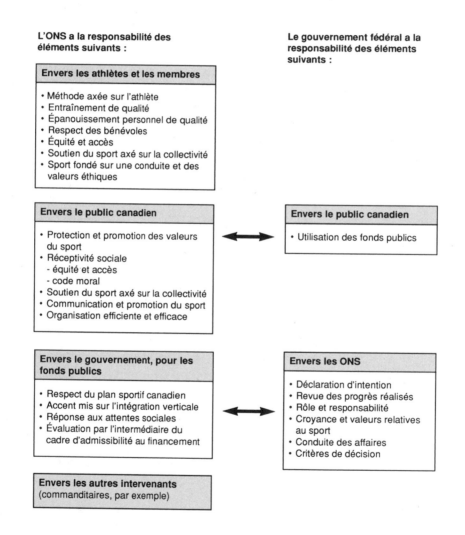

En vue de la mise en oeuvre à l'échelle fédérale, le Groupe de travail veut que le gouvernement fédéral, par l'intermédiaire du ministre d'État à la Condition physique et au Sport amateur, articule clairement les valeurs de base sur lesquelles s'appuie son engagement en tant qu'un bailleur de fonds publics pour le sport. Cette «déclaration d'intention»

énoncerait également les moyens précis que le gouvernement entend prendre pour diriger ses affaires et prendre ses décisions en matière de financement. L'élaboration d'une telle déclaration est cruciale pour la propre responsabilité du gouvernement fédéral, envers la collectivité sportive, le Parlement et le grand public.

Globalement, ce nouveau cadre de responsabilité ne se réalisera pas rapidement ni facilement. Conscient de cela, le Groupe de travail propose une stratégie transitoire qui prévoit l'introduction graduelle, mais inévitable, de nouvelles approches pour remplacer celles qui existent. Un des importants éléments de cette stratégie est la communication permanente avec les clients pour vérifier les progrès. Dans ses recommandations 105 à 108, le Groupe de travail décrit les mesures que prendront les différents partenaires pour parvenir à ce nouveau cadre de responsabilité.

	À supprimer graduellement	*À introduire graduellement*
1.	accent sur la comptabilité	accent sur la responsabilité
2.	responsabilité axée sur le gouvernement fédéral	responsabilité axée sur les ONS
3.	responsabilité principalement envers le gouvernement fédéral	responsabilité envers les membres, le public et les autres intervenants
4.	responsabilité reposant sur les contributions financières	mandat public, responsabilité du mandat et réceptivité à l'égard des membres
5.	dépendance à l'égard de l'orientation du gouvernement en raison de la dépendance à l'égard des fonds fédéraux	partenariat avec le gouvernement, direction partagée et responsabilité partagée pour la conduite générale du sport
6.	perception que la responsabilité sociale vient après coup, la motivation venant des pressions exercées par le gouvernement	intégration des attentes sociétales dans le mandat de l'organisme de sport et dans le mandat public que détient l'organisme - un nouveau «contrat social»
7.	respect du contrat	responsabilité partagée et auto-évaluation
8.	processus de planification quadriennale comme seul modèle	auto-planification fondée sur une expérience et des principes solides en matière de planification ainsi que sur des échéanciers qui conviennent à la nature du sport
9.	responsabilité envers le gouvernement fédéral selon le modèle de planification fédéral	responsabilité envers tous les intervenants et auto-évaluation destinée au gouvernement fédéral en fonction des buts organisationnels
10.	méthode fédérale d'aborder la responsabilité en se fondant sur le PPQ, le système de reconnaissance des sports, et le succès sur la scène du sport de haute performance	approche fédérale fondée sur l'évaluation du profil complet du sport, l'établissement de buts individuels dans le profil, la reconnaissance des progrès relatifs, l'utilisation d'un nouveau modèle d'AFS

Vers un nouveau modèle économique

Le sport entraîne des retombées économiques formidables, rejoignant toutes les collectivités, les assiettes fiscales de toutes les administrations, nombre de secteurs industriels et, de façon directe, les foyers de 8 à 10 millions de Canadiens. Les dépenses liées au sport sont évaluées à environ 16,2 milliards de dollars par année.

Le Groupe de travail se penche sur l'économie du sport au Canada, précisant qu'elle se compose réellement de six structures économiques distinctes, les liens entre elles étant ténus.

En ces temps où le gouvernement impose des restrictions et où les ressources se font rares, le Groupe de travail propose aux intervenants du système sportif de trouver des moyens de dépendre moins des fonds gouvernementaux accrus. Pour ce faire, il faut dénicher des sources nouvelles et créatives, et le Groupe de travail énonce plusieurs possibilités. Par exemple, avance-t-il, la prestation de programmes de sport «fondé sur la collectivité», comportant des services centraux à l'intention des usagers multidisciplinaires, permettrait de réaliser des économies d'échelle et d'offrir un plus grand nombre de services à un coût moindre. De plus, le Groupe de travail laisse entendre qu'un marché de travail pour les moniteurs, les entraîneurs et les planificateurs de programmes de sport commence à percer. Par ailleurs, le Groupe de travail dit que l'examen des niveaux des frais d'utilisation et des montants des cotisations des membres au sein d'un modèle unidisciplinaire peut aider à rationaliser le coût accru des services aux échelons supérieurs du sport de compétition.

Il affirme que le système de prestation des programmes de sport amateur pourra élargir sa base de ressources selon que les services sont axés sur les participants, orientés vers le marché, considérés comme une valeur et un service pour la société, planifiés en tant qu'investissement à court et à long terme.

Dans ses recommandations 109 à 112, le Groupe de travail somme la Direction générale de la condition physique et du sport amateur et les autres intervenants d'amorcer l'élaboration d'un modèle économique amélioré pour le sport, en fonction des principes précités.

Les chefs de file et la direction

Comme le Groupe de travail l'a mentionné précédemment dans le rapport, ce sont les administrations, particulièrement le gouvernement fédéral, qui ont traditionnellement pris les rênes de la collectivité sportive. Celle-ci a fini par en dépendre, et il s'y est créé un vide en matière de direction. Le Groupe de travail dit que la gestion efficace des aspects techniques ou administratifs par les organismes de sport ne s'est pas traduite en un engagement à répondre aux vastes attentes sociétales soulevées dans le rapport. Il conclut qu'il y a un manque de direction, que ce soit par les personnes, les organismes, l'ensemble de la collectivité sportive.

Le Groupe de travail avance que la collectivité sportive doit miser sur les chefs de file, c'est-à-dire des personnes accordant de l'importance aux valeurs de la société canadienne et du sport, des personnes possédant le savoir-faire technique et des personnes pouvant voir les problèmes du point de vue de la politique gouvernementale.

Pour aider le sport à définir son nouvel avenir et à l'atteindre, le Groupe de travail croit qu'il faudrait que la direction soit partagée entre les personnes, les organismes, les administrations et l'ensemble de la collectivité sportive.

Il estime essentiel que la direction s'articule autour de l'accord général et d'un processus. Les chefs de file qui communiquent avec les membres et les intervenants fournissent une direction qui enrichit le bien commun. Bref, les chefs de file se préoccupent des questions liées aux valeurs avec la même passion que lorsqu'ils analysent des déficits budgétaires.

Le Groupe de travail propose l'établissement d'un Institut de formation des chefs de file. Le Groupe de travail s'empresse de signaler qu'il ne s'agit pas d'un immeuble de briques et de béton, ni d'une nouvelle université. C'est plutôt une structure organisationnelle qui offrirait de multiples possibilités : des échanges entre les chefs de file, des détachements, des stages de formation et des travaux de recherche.

Dans ses recommandations 113 à 115, le Groupe de travail oriente la collectivité sportive et le gouvernement fédéral quant à la façon de redéfinir et de reformuler leurs rôles respectifs dans une direction partagée au sein du système sportif.

RAISONS JUSTIFIANT LA PARTICIPATION DU GOUVERNEMENT FÉDÉRAL DANS LE SPORT

En plus de croire que le sport devrait être financé simplement pour ce qu'il est, le Groupe de travail dit que le sport peut procurer au pays, à ce moment-ci, des avantages importants et irrésistibles.

Le Groupe de travail invoque bon nombre d'exemples très intéressants. Le sport, dit-il, est un moyen d'inculquer aux jeunes une attitude de saine concurrence alors qu'ils se préparent à relever les défis de la mondialisation de l'économie. Le sport est également une activité qui favorise le développement : il nous aide à nous conscientiser, il rehausse l'expérience d'apprentissage et il enseigne les rudiments des relations humaines, de l'esprit d'équipe et de la direction. De plus, le sport offre une série de valeurs à adopter et nous force à examiner les dilemmes qu'il pose face aux valeurs et à en tirer des leçons.

À un moment où les Canadiens cherchent un terrain d'entente, le Groupe de travail dit que le sport sert de trait d'union, qu'il fait partie de notre quotidien et qu'il nous rend fiers de qui nous sommes et de ce que nous réalisons collectivement. Bref, le sport se veut un liant culturel pour le Canada.

Le sport est une façon de nous faire connaître au monde entier. Lorsque les Canadiens participent à des manifestations sportives internationales, affichant les valeurs de la persévérance, de la force et de la justice, la profondeur et la force du caractère canadien sont révélées au monde.

En cette ère où les valeurs traditionnelles s'estompent, de dire le Groupe de travail, le sport peut instiller les valeurs et l'éthique chez les jeunes et les y ancrer davantage.

Le sport demeure un moyen peu coûteux de répartir équitablement et parmi le plus grand nombre les avantages propres à notre société, permettant de soulager certains maux sociaux du Canada.

Fort de sa conviction que l'appui fédéral apportera au Canada d'immenses avantages, le Groupe de travail conseille au gouvernement fédéral de continuer de témoigner, à long terme, d'un engagement envers le sport (recommandation 116).

LA RECOMMANDATION FINALE

Tout au long de son rapport, le Groupe de travail n'a cessé d'attirer l'attention sur la nécessité de revitaliser et de réorienter le système sportif au Canada et a formulé une série de recommandations et de suggestions visant pratiquement tous les intervenants. Il propose au gouvernement fédéral un rôle évolutif, soit de se dépouiller de son rôle directif et dominant au profit d'un système davantage harmonisé, fondé sur une direction partagée avec les milieux sportifs nationaux et les autres administrations.

Au fur et à mesure que ces changements se concrétiseront, le Groupe de travail recommande au gouvernement fédéral de renoncer graduellement à la majorité des attentes qu'il a en matière de responsabilité liée à l'utilisation des fonds qu'il octroie, et de conserver uniquement les éléments les plus essentiels à la protection de l'intérêt public. Il ajoute que cette évolution devrait réduire à un point négligeable les exigences administratives fédérales, laissant à la collectivité sportive sa propre conscience, ses propres contrôles et ses propres moyens de gestion. Le Groupe de travail recommande en outre au gouvernement fédéral et à la collectivité sportive nationale de s'atteler à la tâche de sorte que ces changements deviennent réalité d'ici 10 ans.

Dans sa recommandation finale, le Groupe de travail ne propose pas au gouvernement fédéral de diminuer son appui au sport, mais plutôt de changer son rôle et de le faire évoluer au fur et à mesure que le sport s'épanouit au Canada.

Les principaux thèmes et les mesures recommandées

1. *La place du sport dans la société*
2. *L'athlète, point de mire*
3. *L'avenir de l'entraînement*
4. *Les organismes de sport*
5. *La planification en matière de sport*
6. *Le processus du perfectionnement sportif*
7. *L'avancement du sport*
8. *La justice et l'éthique dans le sport*
9. *Les changements dans le rôle du gouvernement*

LES PRINCIPAUX THÈMES ET LES MESURES RECOMMANDÉES

Thème - La place du sport dans la société

Le sport est une affaire personnelle - qu'il s'agisse d'un loisir ou d'une quête de l'excellence, mais il fait également partie de ce que nous sommes en tant que peuple - l'un des éléments de notre bagage culturel.

L'avenir

Le sport sera reconnu et accepté comme une partie intégrante de notre culture, et on en vantera les valeurs intrinsèques pour la nation. Le prestige de l'activité sportive reposera sur ses valeurs, sur l'éthique, sur l'idéal athlétique et sur les sensations que procure la compétition.

Mesures recommandées

1. Le Groupe de travail recommande que les gouvernements fédéral et provinciaux intègrent le sport dans la politique culturelle canadienne et dans le cadre plus vaste de la «culture de l'activité physique» (3). Il préconise qu'on appuie le sport scolaire et communautaire à titre d'assise de nos collectivités (3). Il demande au gouvernement fédéral de réitérer son engagement envers le sport (108, 116).

2. Le Groupe de travail recommande que l'on favorise la recherche de l'excellence et il demande avec instance une conception et une reconnaissance élargies des réalisations et de l'excellence dans le mouvement du sport de haute performance (chapitre 3 et 50, 51, 95).

3. Le Groupe de travail réclame pour le sport l'établissement d'un plan canadien fondé sur une vision nationale, axé sur les valeurs canadiennes et traduisant des objectifs communs à tous les Canadiens (chapitres 4, 6). Il recommande en outre l'affirmation du rôle du gouvernement fédéral dans la promotion de la condition physique et de la vie active (4), et il préconise que des liens plus étroits soient tissés entre la planification et la recherche en matière de sport et de condition physique (page 223 et 28, 33, 48).

4. Le Groupe de travail recommande que l'on appuie les stratégies visant à accroître le nombre des spectateurs, à améliorer les reportages des médias et à redorer l'image du sport (amateur) au Canada à titre d'élément central de notre mentalité à l'égard du sport (50, 51). Il demande en outre instamment qu'on élabore et mette en oeuvre des stratégies permettant de faire contrepoids à l'effet dominant des reportages des médias sur le sport professionnel américain et canadien par rapport à la conception canadienne du sport (51).

5. Le Groupe de travail recommande d'aider les groupes sportifs communautaires par des moyens de promotion et de communication (34). Il veut également que les organismes nationaux de sport s'emploient à mieux mettre en lumière les valeurs intrinsèques de leurs sports en eux-mêmes et à titre de divertissement (50, 51).

NOTA : Les chiffres entre parenthèses renvoient aux numéros des recommandations figurant dans le rapport, sauf s'ils sont accompagnés du mot chapitre ou page.

Thème - L'athlète, point de mire

Les athlètes devraient être le point de mire dans la planification, l'élaboration des systèmes et l'établissement des programmes de sport.

L'avenir

Les organismes de sport, les gouvernements et les planificateurs des programmes au sein d'un système sportife juste, moral et accessible reconnaîtront les droits des athlètes, consacreront des ressources à leur perfectionnement et les consulteront au sujet des changements qui les concernent.

Mesures recommandées

1. Le Groupe de travail préconise une orientation nouvelle vers une approche axée véritablement sur l'athlète (chapitre 6), et il demande un engagement manifeste à l'égard des droits des athlètes et l'établissement d'un mécanisme d'appel neutre (8, 10). Le Groupe de travail appuie la création d'une association canadienne des athlètes (9) et celle d'un mécanisme de consultation directe du gouvernement fédéral à l'intention des athlètes de haut calibre (93), ainsi que la révision des ententes actuelles avec les athlètes (87). Il veut également que les ONS soient responsables de l'approche axée sur les athlètes, ainsi que de ceux d'entre eux qui prennent part au processus décisionnel (105).

2. Le Groupe de travail demande que l'on donne priorité à la santé et à la sécurité des athlètes, ainsi qu'à la réduction du nombre des blessures (74, 78) et à la protection contre les abus à tous les niveaux du sport (chapitres 17, 19). Il réclame en outre un appui pour la mise sur pied de centres d'entraînement multidisciplinaires permettant de créer un milieu optimal favorisant l'excellence dans le sport. Il réclame aussi le renforcement des assises qui servent de trait d'union entre le sport scolaire et les organismes de sport (46, 47).

3. Le Groupe de travail préconise que l'on multiplie, pour tous les athlètes féminins intéressés, les possibilités de participer pleinement au système sportif (63, 64). Il demande que l'on augmente les services d'appui (y compris la médecine sportive, les aides techniques, les services de conseil, la santé et la sécurité) aux athlètes de tous les niveaux, notamment dans leurs propres «centres de développement du sport» locaux dotés de tous les services (44).

4. Le Groupe de travail recommande d'accroître l'aide financière offerte aux athlètes brevetés de haut calibre (91) et celle qui leur est offerte pour leur permettre de s'adapter lorsqu'ils mettent fin à leur carrière dans la compétition (93), et il demande qu'on examine la possibilité d'instituer une fondation pour les athlètes (94). Il préconise que le brevet «C» soit adopté pour les «équipes nationales» et octroyé aux athlètes gagnants de championnats nationaux et membres d'équipes nationales subventionnées par le gouvernement fédéral (89).

5. Le Groupe de travail recommande que soient examinées les questions de conduite morale et de dilemmes d'ordre éthique soulignées par les athlètes, mettant en lumière la responsabilité de la collectivité sportive quant à l'exemple à donner à titre de modèle de comportement moral (76, 77). Il mentionne en outre que les athlètes ont une responsabilité en matière d'esprit sportif.

6. Le Groupe de travail recommande de multiplier, pour les athlètes de haut calibre, les possibilités de se produire devant un public canadien (49, 50). De plus, il réclame à leur égard une publicité accrue et professionnalisée afin que leur apport soit mieux reconnu (49, 50, 51).

Thème - L'avenir de l'entraînement

L'entraîneur ne le cède en importance qu'à l'athlète - le renforcement de l'entraînement ainsi que la professionnalisation et la promotion des fonctions d'entraîneur seront critiques pour le succès du développement du sport canadien.

L'avenir

L'entraîneur sera reconnu comme un élément clé de l'avenir du sport et de la qualité de l'expérience professionnelle de l'athlète. La professionnalisation de son métier sur la scène sportive offrira des possibilités en matière de certification, de plans de carrière et d'emploi. Les entraîneurs assumeront la responsabilité morale touchant la conduite éthique et la mission d'insuffler des valeurs dans le sport. La pratique de l'entraînement bénéficiera de services de soutien améliorés, y compris de liens pratiques plus étroits avec les sciences du sport et la recherche.

Mesures recommandées

1. Le Groupe de travail recommande que toutes les parties adoptent les priorités formulées en 1990 à la Conférence nationale sur les stratégies en matière d'entraînement (11).

2. Le Groupe de travail recommande la mise sur pied d'un «plan de professionnalisation» à l'intention des entraîneurs (15). Il préconise en outre pour eux l'élaboration d'une stratégie d'embauche et d'un modèle d'aide financière (18, 19), ainsi que d'un plan pour inciter les athlètes à la retraite à devenir entraîneurs (17) et pour augmenter les possibilités offertes aux femmes d'embrasser cette profession (16).

3. Le Groupe de travail exhorte tous les intervenants à adopter le code d'éthique proposé pour les entraîneurs et à l'intégrer dans la pratique des sports (12).

4. Le Groupe de travail recommande des exigences plus sévères à l'intention des entraîneurs certifiés (13b).

5. Le Groupe de travail demande aux professionnels de l'entraînement et au Conseil technique d'examiner le problème que représente le désir de «gagner à tout prix» et celui des attitudes qui menacent l'intégrité du sport (20).

6. Le Groupe de travail recommande que soient étoffés les liens avec les sciences du sport, qu'on établisse un programme d'échange en cette matière avec les pays étrangers et qu'on offre de meilleurs services d'appui aux athlètes et entraîneurs. Il préconise aussi que la recherche soit conçue de manière à répondre davantage aux besoins en matière d'entraînement (29, 30, 21, 23).

7. Le Groupe de travail demande à l'ACE, au CCMS et au CDS d'établir d'un commun accord un modèle national de services techniques (43).

8. Le Groupe de travail recommande l'élaboration d'une stratégie visant à promouvoir la place des entraîneurs dans les projets pilotes sur le sport fondé sur la collectivité. (14).

Thème - Les organismes de sport

Les organismes nationaux et provinciaux de sport sont les organes clés pour assurer l'application des politiques et des programmes en matière de sport. Ils doivent devenir plus autonomes par rapport au gouvernement, sur le plan de leur fonctionnement courant, tout en demeurant responsables à l'endroit des athlètes et des autres intervenants du monde du sport pour ce qui est des décisions et des mesures qu'ils prennent.

L'avenir

Les organismes de sport assumeront progressivement la responsabilité des divers aspects de la prestation au sein du système sportif et ils fourniront à leurs membres un milieu davantage axé sur l'athlète.

Mesures recommandées

1. Le Groupe de travail recommande que les organismes de sport établissent des processus de planification mixte et des plans d'action prévoyant la formulation de visions et de buts communs en vue d'un système sportif intégré qui soit axé sur les athlètes et articulé autour d'une approche reposant sur des valeurs et sur l'éthique (40 et plusieurs autres).

2. Le Groupe de travail recommande que Condition physique et Sport amateur aide les ONS et les OM à élaborer et à mettre en oeuvre des programmes de formation à la direction pour les bénévoles en sport afin de leur permettre de jouer davantage un rôle vital et constructif dans l'élaboration d'un plan sportif pour le Canada (38, 113).

3. Le Groupe de travail recommande l'élaboration d'un mécanisme permettant de représenter la collectivité sportive en général et à la table de concertation nationale (114), et de fournir un apport à l'égard de la politique fédérale en matière de sport (5).

4. Le Groupe de travail demande aux gouvernements de modifier sensiblement leurs interventions et leurs exigences administratives à l'endroit des organismes de sport, ainsi que d'assouplir leurs mesures de financement (100, 101, 102, 102, 106) et d'instaurer un partenariat plus évolué avec la collectivité sportive (84, 115).

5. Le Groupe de travail recommande de rationaliser l'aide financière fédérale et provinciale et les politiques qui s'y rattachent afin de faciliter la planification de l'organisation du sport (41). Il recommmande en outre aux organismes de sport d'élargir leur cadre de responsabilité afin d'englober les athlètes et membres et le mandat public (106).

6. Le Groupe de travail préconise l'examen de nouveaux modèles en matière financière, ainsi que des conceptions repensées du sport et des organismes de sport (110).

7. Le Groupe de travail exhorte les organismes de sport à accroître leur initiative, leur représentation et leur moyens de défense à l'égard du sport à l'échelle planétaire (53, 54).

8. Le Groupe de travail réclame une meilleure intégration et des transferts améliorés de savoir-faire entre les organismes de services multidisciplinaires et les ONS (42), ainsi que la mise sur pied d'un mécanisme de coordination des services techniques (43).

Thème - La planification en matière de sport

Nous avons besoin d'un plan sportif intégré pour le Canada.

L'avenir

Le plan sportif canadien s'inspirerait d'une vision commune enracinée dans les valeurs essentielles du sport et s'inspirant d'objectifs nationaux convenus, tous les intervenants participant d'un commun accord à une table de concertation nationale et devant répondre de la confiance que leur témoigne le public.

Mesures recommandées

1. Le Groupe de travail recommande la création d'un nouveau processus ou table de concertation nationale permettant aux principaux intervenants d'élaborer un plan sportif pour le Canada (6a). Cette planification serait polarisée par une vision commune, des valeurs essentielles et des objectifs nationaux (6b).

2. Le Groupe de travail recommande de mettre immédiatement sur pied un plan et un mécanisme permettant d'harmoniser les politiques et les approches fédérales et provinciales en matière de sport (7, 41), et d'examiner la possibilité que les gouvernements fédéral et provinciaux-territoriaux mettent d'un commun accord l'accent sur une série de sports «de base» canadiens (96).

3. Un certain nombre de mécanismes nouveaux sont recommandés pour appuyer et alimenter le processus de planification. Ainsi, le Groupe de travail propose la création d'un groupe consultatif composé d'experts et chargé de seconder l'élaboration des politiques fédérales (5). De plus, la collectivité sportive est appelée à établir un mécanisme de direction collective et de représentation (114). Le plan sportif serait le fruit de l'apport de sources multiples, dont une série de conférences de planification visant à réunir les représentants des systèmes du sport et de l'éducation (46), et il viserait l'étude de modèles de planification coordonnés et fondés sur la collectivité (44).

4. Le Groupe de travail appuie la mise sur pied immédiate d'une association canadienne des athlètes (9) et la création d'un secrétariat sportif autonome pour les peuples autochtones (65).

5. Le Groupe de travail recommande l'établissement d'une nouvelle approche touchant l'«admissibilité au financement des sports» en vue de la planification et de l'évaluation de l'aide financière fédérale en ce domaine (95, 97).

6. Le Groupe de travail demande aux organismes de services multidisciplinaires d'élaborer un plan collectif et une stratégie permettant d'améliorer la compréhension et l'intégration de leurs services (42), et il préconise une approche prototype permettant d'offrir une planification coordonnée des services techniques destinés aux sports (43).

Thème - Le processus du perfectionnement sportif

Les athlètes engagés dans le processus du perfectionnement sportif se heurtent à diverses lacunes, à des obstacles et à des secteurs incomplets ou dépourvus de services au sein du continuum et du système sportifs, et cela, du premier niveau jusqu'à la haute performance.

L'avenir

Le continuum et le système sportifs seront complets et pourvus des services nécessaires. La progression des athlètes se fera sans heurts. Du système sportif fondé sur le collectivité bien établi au sein duquel collaborent écoles et organismes de sport, en passant par la gamme des services sportifs offerts à tous les échelons, l'athlète atteindra le niveau de son choix sans se heurter à des entraves au niveau des politiques, ni à des lacunes.

Mesures recommandées

1. Le Groupe de travail recommande l'harmonisation, entre les gouvernements fédéral et provinciaux-territoriaux, des politiques et des modèles de financement, ainsi que des programmes de sport (41). Il recommande en outre l'amélioration de l'intégration verticale des ONS et OPS afin de combler les lacunes signalées par les athlètes (40).

2. Le Groupe de travail réclame l'harmonisation du perfectionnement sportif à partir du niveau local jusqu'au sport de haute performance (44). Il recommande en outre aux intervenants d'examiner les modèles de planification efficaces et fondés sur la collectivité qui permettent de mettre en commun installations et ressources afin de fournir des expériences sportives positives et variées, facilement accessibles et dépourvues d'obstacles au niveau local (44). Il recommande la mise sur pied de centres communautaires de perfectionnement sportif en collaboration avec les intervenants intéressés (45).

3. Le Groupe de travail recommande la prestation améliorée de services de soutien coordonnés (21) et des sciences du sport à tous les niveaux du processus de perfectionnement sportif (23, 24, 25).

4. Le Groupe de travail recommande de jeter des ponts entre le sport et l'éducation, entre les écoles et les clubs, de manière que les milieux du sport et de l'enseignement en tirent tous deux parti (46, 47, 48).

5. Le Groupe de travail réclame l'abolition des obstacles au développement, du premier niveau au sport de haut calibre (le sport pour tous, l'équité et l'accès), en multipliant les activités sportives en milieu scolaire et en éliminant les pratiques discriminatoires au sein des organismes de sport (44, 63-69).

Thème - L'avancement du sport

L'avancement, la direction, les progrès techniques et la reconnaissance internationale du sport (non professionnel) obligent à modifier et à adapter l'infrastructure technique et les mécanismes transitoires, la conception des services et de la stratégie des services de soutien, ainsi que la formation des chefs de file.

L'avenir souhaité

Le sport progressera par la coordination de l'infrastructure technique (sciences du sport, médecine, recherche, entraînement, etc.), par la réorganisation de la stratégie et de la prestation des services d'appui à tous les niveaux et par un accent placé sur la qualité, sur la pertinence des services et sur leur application pratique. La formation de chefs de file et la tenue de manifestations de calibre mondial favoriseront également ces progrès.

Mesures recommandées

1. Le Groupe de travail recommande l'établissement d'un modèle de formation de chefs de file solides dans le domaine du sport, portant sur les besoins d'ordre fonctionnel (technique, organisation et politiques), les aptitudes au niveau de la consultation et de la collaboration et la direction en position stratégique, et il recommande qu'on examine la possibilité de créer un institut pour la formation des dirigeants du sport (non pas la construction d'un immeuble de briques et de mortier, mais l'élaboration d'un programme dans ses grandes lignes) (113).

2. Le Groupe de travail recommande d'amorcer, de concert avec les partenaires compétents, la réorganisation globale des services de soutien offerts aux entraîneurs et aux athlètes (et englobant la santé, la sécurité et la médecine sportive; les sciences du sport; les outils de perfectionnement technique; l'éducation et les conseils; la promotion; les outils organisationnels) (21).

3. Le Groupe de travail préconise le resserrement des liens entre les sciences du sport et l'entraînement afin de favoriser l'excellence au niveau de la recherche appliquée et des services de soutien, l'accent étant placé sur la pertinence et l'application (29).

4. Le Groupe de travail recommande d'améliorer la coordination entre la médecine sportive, les sciences et les organismes de sport afin d'améliorer le perfectionnement et la prestation des services (23, 24, 25). Il préconise en outre l'élaboration, de concert avec le CCMS et d'autres intervenants, d'un plan d'action visant à mettre en oeuvre les 10 priorités nationales en matière de médecine et de sciences du sport (24).

5. Le Groupe de travail recommande que le Conseil canadien de la médecine sportive collabore avec d'autres groupes pour accroître les services aux athlètes des autres échelons et pour établir un réseau provincial (26).

6. Le Groupe de travail recommande de combler les écarts entre les systèmes du sport et de l'éducation afin de faire avancer les échanges de connaissances et la prestation des aides et des connaissances techniques à un plus grand nombre d'échelons du système sportif, et de permettre aux athlètes de passer plus librement d'un système à l'autre (46, 47, 48).

7. Le Groupe de travail préconise une nouvelle politique d'accueil qui privilégie la tenue de compétitions internationales et de championnats mondiaux unidisciplinaires afin d'offrir aux athlètes canadiens la possibilité de participer dans leur pays à des compétitions de haut niveau et de promouvoir la position du Canada sur la scène sportive internationale (49).

Thème - La justice et l'éthique dans le sport

Il y aurait lieu d'accélérer les changements destinés à permettre aux groupes minoritaires et marginaux d'avoir accès au sport et de jouir de possibilités équitables. Les athlètes doivent pouvoir compter sur un milieu moralement sain et sûr.

L'avenir

Dans un système ouvert fondé sur des valeurs, tous les Canadiens profiteront de l'expérience sportive de leur choix. Les droits des athlètes seront reconnus et protégés et leur sécurité sera prioritaire. La collectivité sportive assurera le respect de l'éthique dans le sport et dans son administration. Celui-ci sera «juste», à la fois sur le terrain et à l'extérieur, mais également au niveau de la pratique et de l'administration.

Mesures recommandées

1. Le Groupe de travail recommande de hâter sensiblement l'amélioration des possibilités offertes aux femmes et la mise en oeuvre des politiques existantes, et d'affecter des fonds à la mise sur pied de programmes de soutien (63). Il préconise la création d'un secrétariat sportif pour les peuples autochtones (65). Il exhorte en outre Condition physique et Sport amateur à organiser une conférence et des consultations sur l'équité et l'accès des personnes handicapées au système sportif principal (68). De plus, le Groupe de travail recommande l'adoption d'une stratégie nationale visant à promouvoir l'accès aux sports et l'équité pour les Canadiens membres de groupes ethniques ou de minorités visibles (69).

2. Le Groupe de travail demande aux ONS de fournir dans les deux langues officielles des services d'administration et de communication et des critères de sélection des membres des équipes nationales, et de diffuser simultanément l'information bilingue nécessaire à une participation équitable aux décisions, et il invite Condition physique et Sport amateur à collaborer avec les provinces intéressées en vue d'accroître les services bilingues à tous les niveaux du sport, là où ce besoin existe (58, 59, 60, 61, 62).

3. Le Groupe de travail recommande la création d'un système d'arbitrage neutre permettant de régler les problèmes des athlètes et de reconnaître leur droit d'être représentés (8, 9, 10).

4. Le Groupe de travail recommande qu'on accorde une priorité accrue à la sécurité des athlètes, notamment à la réduction des risques de blessures et de violence, ainsi qu'à la vigilance et à l'adoption de mesures en vue de les protéger contre les abus et le harcèlement, et que ce soit les organismes de sport, les entraîneurs et les officiels qui assument cette responsabilité (64, 78, 79).

5. Le Groupe de travail recommande de mettre l'accent sur l'esprit sportif, de combler les écarts entre les règles et les usages et de diriger le sport d'une manière juste et conforme à l'éthique (77, 79, 80, 82). À son avis, la collectivité sportive doit assumer en partie la responsabilité de surveiller la tendance du sport d'élite à s'écarter des valeurs traditionnelles du sport au profit de valeurs plus commerciales (76). Il recommande en outre que la responsabilité des organismes de sport à l'égard de l'utilisation des fonds publics repose sur le respect d'obligations légales et morales, d'objectifs nationaux pour le sport, de leur propres valeurs et plans et d'une partie du programme de responsabilité sociale (57).

6. Le Groupe de travail exhorte l'Association olympique canadienne à prêter son concours en mettant en oeuvre les principes et les valeurs du mouvement olympique afin de promouvoir l'éthique du sport et l'esprit sportif, à la fois sur le terrain et à l'extérieur ainsi que dans le réseau scolaire (82, 83).

7. Le Groupe de travail exhorte le Canada à poursuivre la lutte entreprise récemment contre le recours aux drogues dans le sport au Canada et à l'échelle planétaire (75, 78c, 80b).

Thème - Les changements dans le rôle du gouvernement

De profonds changements s'imposent dans les relations du gouvernement fédéral avec la collectivité sportive et les autres partenaires gouvernementaux.

L'avenir

Le rôle du gouvernement au sein du système sportif reposera sur la collaboration, la direction et la responsabilité partagées et le partenariat entre les intervenants. Les interventions d'ordre administratif et la paperasserie seront réduites au point de devenir négligeables. Le financement sera assoupli et orienté de façon stratégique, et une responsabilité appropriée sera pratiquée chez les intervenants et à l'endroit du public canadien.

Mesures recommandées

1. Le Groupe de travail recommande que la Direction générale de la condition physique et du sport amateur soit restructurée et réorientée (84). Cela confirmerait l'intérêt et la participation du gouvernement à titre de partenaire du sport, et reconnaîtrait à l'activité sportive toute son importance dans la culture canadienne et la politique culturelle. Une telle mesure permettrait en outre de s'écarter de la tendance aux contrôles et directives au profit d'une attitude de partenariat, de direction partagée et de collaboration avec les autres intervenants (115).

2. Le Groupe de travail réclame des changements immédiats aux politiques et aux programmes suivants : la gestion des ressources humaines (85); le processus de planification quadriennale (86); le Programme d'aide aux athlètes (88, 89, 90, 91, 93). Il recommande en outre de simplifier les exigences comptables, d'améliorer l'informatisation, de réduire le nombre de «blocs de financement» et d'élargir la définition de ceux qui resteront, de mettre en oeuvre un processus décisionnel plus transparent et d'établir un mécanisme d'examen des décisions en matière de financement (100, 101, 102, 103). Il recommande aussi que certains programmes fédéraux soient soustraits en entier ou en partie à l'égide gouvernementale fédérale (l'esprit sportif (81), les sciences du sport (27), les services techniques (43)).

3. Le Groupe de travail recommande l'établissement d'une nouvelle table de concertation nationale (6).

4. Le Groupe de travail recommande l'élaboration d'un nouveau cadre d'admissibilité au financement des sports pour remplacer graduellement la méthode de classement des sports, accompagné de l'établissement d'une série de sports de base canadiens et de la réduction du nombre de sports qui bénéficient de fonds publics en vue de programmes internationaux (95, 96, 97).

5. Le Groupe de travail recommande que, de concert avec les gouvernements provinciaux et territoriaux, le gouvernement fédéral entreprenne de mieux harmoniser les politiques et programmes fédéraux-provinciaux-territoriaux (6, 7). Il préconise en outre que des discussions soient amorcées avec les ministères fédéraux, provinciaux et territoriaux responsables de la culture en vue de faire du sport un élément important de la politique culturelle canadienne (1, 3).

6. Le Groupe de travail exhorte le gouvernement fédéral à réitérer son appui à l'égard du sport de haute performance (chapitre 21).

7. Le Groupe de travail recommande l'adoption d'un nouveau cadre de responsabilité régissant l'utilisation des fonds fédéraux, et un énoncé de la responsabilité réciproque des gouvernements à l'endroit du sport (105, 107, 108).

8. Le Groupe de travail recommande que le gouvernement mette sur pied une base de données améliorée visant à faciliter la planification en matière de sport (1, 2) et un groupe consultatif national d'experts, chargé de seconder l'élaboration des politiques fédérales (5).

Les thèmes et les avantages pour les intervenants du système sportif canadien

Les tableaux que vous trouverez aux pages suivantes pour illustrer la situation de chacun des principaux intervenants, résument les thèmes adoptés, les changements proposés et les avantages attendus. Les principaux intervenants sont le Canada, les athlètes, les entraîneurs, les organismes de sport, le milieu de l'éducation, les provinces et territoires et Condition physique et Sport amateur.

Ces tableaux précisent également les nouvelles responsabilités et les nouveaux rôles issus des modifications ou proposés dans le cadre de celles-ci et quelques-uns des appuis recommandés à l'intention des entraîneurs et des organismes nationaux de sport.

Lors des séances de consultation, les intervenants ont mentionné à maintes reprises l'importance du rôle des médias dans la perception que le public a du sport. Manifestement, les médias ne se perçoivent pas comme un des intervenants du système sportif canadien. Par contre, la collectivité sportive considère que les reportages sportifs faits par les médias sont déterminants pour l'image du sport.

Bien que les liens entre les médias et le sport n'aient pas été abordés en détail dans le présent rapport, le Groupe de travail en a tout de même parlé. Les médias nous ont fait part de leurs suggestions quant à des façons de rehausser l'interaction entre les deux secteurs; d'ailleurs, plusieurs des recommandations s'en inspirent. Nous estimons possible d'en venir à une meilleure compréhension entre le sport et les médias.

Le sport apporte certaines choses au Canada :

- En tant que partie intégrante de notre culture et de notre patrimoine, le sport permet d'exprimer nos valeurs; il est un moyen de stimuler la fierté, l'identité et l'unité nationales, de favoriser la compréhension entre les régions et d'établir des relations internationales

- En tant que partie intégrante de notre mentalité liée à l'activité physique, le sport enrichit la vie active, la condition physique, la santé, la camaraderie et, pour certains, il est une source de renouveau physique et spirituel

- Le sport favorise l'esprit collectif grâce à la tenue de manifestations sportives et de compétitions entre les collectivités

- Le sport occupe une place importante dans l'éducation des Canadiens et il fait partie du système d'éducation

- Le sport est un moyen d'épanouissement personnel et de formation du caractère; il permet d'inculquer des valeurs et un code moral, d'enseigner le respect des règles, de préconiser l'esprit sportif

- Le sport donne aux jeunes Canadiens l'occasion d'exceller sur la scène mondiale, procurant de la fierté au Canada et légitimant nos besoins de nous mesurer aux autres et de tenter d'atteindre l'excellence

- Le sport fait partie de nos loisirs; il nous permet de jouer, d'avoir du plaisir, de vivre des compétitions, de nous faire des amis et d'y trouver une source de satisfaction personnelle

- Le sport permet de nous accueillir les uns les autres à l'occasion des Jeux du Canada, d'accueillir le Commonwealth à l'occasion des Jeux du Commonwealth, et d'accueillir le monde entier à l'occasion des Jeux olympiques

- Le sport est un élément important de l'économie, dans les secteurs du divertissement, des loisirs, de la fabrication et des services

Le sport canadien apporte aussi certaines choses au reste du monde :

- Les sports qui tiennent leur origine du Canada : la crosse, le hockey, le basket-ball, la nage synchronisée, la ringuette

- Le savoir-faire canadien en matière de technologie du sport, de formation des entraîneurs, de bases de données sur le sport à des fins éducatives, d'organisation du sport, de gestion des épreuves et du sport pour personnes ayant un handicap

- La défense de l'esprit sportif et des valeurs et de l'éthique du sport

- Un rôle de chef de file dans les milieux sportifs du Commonwealth et de la Francophonie

- Une direction et des normes concernant le contrôle du dopage

- Une expérience pour ce qui est de restructurer la mentalité nationale à l'égard du sport

- Une compréhension approfondie des valeurs de base du sport

- L'aide au développement du sport

Ce que le Canada peut apporter au sport :

Entretenir le désir d'atteindre l'excellence

Chérir nos héros du sport

Respecter les efforts de tous les Canadiens

- Accepter et promouvoir le sport en tant que partie intégrante de la culture canadienne

- Financer le sport dans la mesure de sa contribution au mode de vie des Canadiens

- Reconnaître et récompenser les athlètes de haute performance pour leur contribution spéciale au Canada

- Protéger la place du sport non professionnel au Canada

- Appuyer le sport fondé sur la collectivité

- Appuyer la collectivité sportive dans ses efforts pour mettre le sport à la portée de tous

- Harmoniser les politiques du gouvernement qui appuient le sport

- Encourager les médias à couvrir le sport amateur d'une manière conforme aux croyances et aux valeurs des Canadiens

ATHLÈTES

Thèmes qui ont guidé le Groupe de travail

Tous les athlètes

- Le sport pour tous, l'équité et l'accès pour tous
- Un système sportif axé sur l'athlète
- Des possibilités accrues de participer
- Un entraînement de qualité
- L'adoption des valeurs de la loyauté, de l'esprit sportif, de la santé et de la sécurité
- Des services de soutien améliorés à l'échelle locale
- Un programme de recherche plus solide à l'appui du sport

Changements et avantages pour les athlètes

Tous les athlètes

- Un système sportif conçu pour offrir divers choix aux athlètes et répondre à leurs besoins
- L'accès à une gamme de sports, à un plus grand nombre d'installations et à des possibilités de formation et de perfectionnement au sein de la collectivité
- Une progression facile à l'intérieur du continuum sportif – une expérience sportive transparente
- Des services d'entraîneurs certifiés
- La représentation des athlètes dans le processus décisionnel
- De meilleurs services de soutien en général
- Des services de médecine et de sciences du sport améliorés
- Un environnement sportif plus sécuritaire
- L'accent mis sur l'excellence et sur une expérience sportive de qualité
- Un environnement moral et éthique sain
- Une planification concertée entre les écoles et les sports
- Le respect de la personne
- L'équité et l'accès

Les athlètes de haute performance

- La reconnaissance des droits des athlètes, le droit à la représentation
- Les services d'entraîneurs du calibre le plus élevé
- L'amélioration de l'aide aux athlètes
- La reconnaissance par le Canada
- La santé et la sécurité

Les athlètes de haute performance

- Les services d'entraîneurs professionnels
- La reconnaissance du calibre national dans l'octroi des brevets
- Une formation technique de première qualité
- Une réitération de l'importance de la sécurité et du bien-être
- Des occasions de se manifester devant des spectateurs canadiens
- L'accueil de manifestations sportives de haute performance au Canada
- Des services de soutien coordonnés
- Des services de médecine et de sciences du sport accrus et améliorés
- Une aide financière améliorée
- Des ententes avec les athlètes assurant un juste équilibre entre les droits et les responsabilités
- Le règlement des appels
- La diminution des obstacles et des lacunes dans les programmes de soutien gouvernementaux
- Une aide après la carrière sportive
- La reconnaissance de la poursuite de l'excellence
- La reconnaissance de la contribution apportée au Canada

ENTRAÎNEURS

Thèmes qui ont guidé le Groupe de travail

- L'athlète-entraîneur comme pivot du système sportif
- Des services d'entraîneurs professionnels de qualité au Canada
- La poursuite de l'excellence par l'équipe athlète-entraîneur
- La victoire en respectant les règles de l'esprit sportif et du sport
- Un appui pour le code d'éthique de l'entraîneur
- Des carrières viables pour les entraîneurs

Changements et avantages pour les entraîneurs et l'entraînement

- Les entraîneurs comme principaux agents de prestation des programmes de sport à la collectivité et aux athlètes
- Les principaux formateurs des athlètes canadiens
- La professionnalisation des fonctions d'entraîneur au Canada
  - des normes nationales, une progression portative
  - la légitimité de la profession
  - des normes internationales d'entraînement les plus élevées
  - une meilleure formation, un meilleur perfectionnement
  - un nombre accru d'entraîneurs certifiés
  - une société professionnelle
- La promotion du code d'éthique de l'entraîneur
- Des possibilités accrues pour les femmes dans le milieu des entraîneurs
- De nouvelles possibilités de carrière et d'emploi pour les entraîneurs
- Un rôle clé pour ce qui est de former la jeunesse canadienne, de lui inculquer les valeurs et l'éthique du sport et de réagir aux problèmes moraux liés au sport
- Un nouveau modèle économique pour appuyer les entraîneurs

Appui aux entraîneurs

- Pour la professionnalisation
- Pour la création d'un plus grand nombre de postes rémunérés
- Un programme national de recherche
- De nouveaux liens avec le secteur de l'éducation
- Des services appliqués de sciences du sport

Rôles et responsabilités des entraîneurs

- Intervenants clés dans le modèle du sport fondé sur la collectivité
- Rôle d'administrateurs pour le milieu moral du sport
- Guides, mentors et formateurs des enfants et des jeunes, prenant part à leur développement moral
- Responsabilité pour ce qui est de la qualité de l'expérience sportive

ORGANISMES DE SPORT

Thèmes qui ont guidé le Groupe de travail

- Le sport à la portée de tous les Canadiens, l'équité et l'accès
- Une approche axée sur l'athlète
- Un continuum sportif transparent
- Une approche fondée sur la collectivité
- Des liens plus solides avec le système d'éducation
- Un système sportif à intégration verticale
- L'appui au sport de haute performance
- Des liens plus étroits avec les sciences du sport
- Une volonté d'assumer une plus grande autonomie
- Une réorientation du rôle du gouvernement

Changements et avantages pour les organismes nationaux de sport

- La participation à l'établissement d'une vision, de valeurs, de buts et de priorités à l'échelle nationale
- Un partenariat réfléchi avec le gouvernement; une plus grande autonomie
- De nouveaux critères d'admissibilité et de financement; une liste de programmes de soutien et la planification conjointe des critères de responsabilité
- La participation à l'élaboration de la politique fédérale en matière de sport
- La possibilité d'établir un système sportif pancanadien pour l'ensemble du continuum sportif
- Des possibilités de se développer et d'évoluer de façon spectaculaire
- Des fonds accrus à l'intention des athlètes de haute performance
- Un élargissement du programme de recherche
- Des services de médecine et de sciences du sport améliorés
- L'établissement d'un modèle économique pour le sport et les possibilités d'emploi offertes aux entraîneurs
- Des services de soutien améliorés
- Une intensification des liens, une planification conjointe avec le système d'éducation
- Un plus grand appui pour la formation en matière de direction
- Un appui pour la poursuite de l'excellence

Rôles et responsabilités des organismes nationaux de sport

- Fournir une expérience sportive de qualité, une progression transparente, grâce à un système sportif à intégration verticale
- Protéger les valeurs de base du sport
- Fournir un appui pour le développement du sport dans les collectivités
- Fournir un modèle de développement du sport exhaustif
- Adopter un modèle de régie juste et représentatif
- Assurer l'équité, l'accès et une conduite éthique
- Accroître les liens avec le système d'éducation
- Assumer un plus grand rôle sur la scène internationale
- Être responsables envers les membres et le public canadien

Pour favoriser le changement

- De nouveaux partenaires, de nouveaux alliés et de nouveaux appuis
- Des politiques gouvernementales harmonisées
- Un fusionnement des programmes fédéraux
- Un soutien de l'intégration des groupes spéciaux
- Un soutien concernant les entraîneurs professionnels
- L'intégration des services des ONS et le transfert de la technologie
- Des méthodes concernant la planification axée sur les valeurs et l'examen éthique des règlements et des conventions dans le domaine du sport
- Des conférences nationales sur la recherche, l'éducation et le sport
- Un appui pour un rôle international plus fort
- Un appui pour la formation en matière de direction
- Des outils pour la promotion, l'administration, les relations bénévoles-employés, l'accueil, les problèmes liés aux valeurs et à l'éthique

ÉDUCATION

Thèmes qui ont guidé le Groupe de travail

- Le sport pour tous ainsi que l'équité et l'accès dans le sport grâce à l'engagement du secteur de l'éducation dans le sport
- Une éducation physique quotidienne de qualité pour les élèves
- Le sport comme partie intégrante du programme de cours
- Un rôle de plus en plus effacé pour ce qui est du sport et de l'activité physique dans les écoles
- L'absence d'une recherche coordonnée entre les milieux sportifs et le secteur de l'éducation
- Des partenariats entre les milieux sportifs et le secteur de l'éducation dans le but de favoriser le développement des jeunes
- Une volonté de rapprocher les milieux sportifs et le secteur de l'éducation
- L'éducation physique et le sport en tant qu'outils efficaces d'enseignement des valeurs humaines
- L'éducation et le sport en tant que clés d'une conduite éthique chez les étudiants-athlètes
- Le rôle du secteur de l'éducation pour ce qui est de former des chefs de file dans le domaine du sport

Changements et avantages pour les jeunes

- Une augmentation de l'importance et du temps accordés au sport, à la culture physique et à l'éducation physique
- Le développement, surtout chez les filles, des habiletés motrices et sportives de base, et l'apprentissage des notions d'esprit sportif et de conduite morale
- La possibilité d'obtenir de meilleurs résultats scolaires
- Des avantages à long terme pour la santé
- Une meilleure coordination des programmes entre les établissements d'enseignement, les clubs sportifs, les services de loisirs et les associations de sport
- La disparition des obstacles que doit surmonter l'élève pour organiser son expérience sportive et progresser
- L'accès offert aux groupes minoritaires et aux personnes défavorisées sur le plan économique
- Un plus grand nombre de programmes sports-études

Changements et avantages pour le secteur de l'éducation

- Les jeunes dans les écoles profitent des avantages liés à l'expérience sportive (discipline, dévouement envers un but, formation, courage)
- Un partenariat entre les milieux sportifs et le secteur de l'éducation dans le but de favoriser le développement des jeunes
- Le sport comme moyen d'obtenir de meilleurs résultats scolaires
- La possibilité de retarder le décrochage chez les jeunes, surtout les garçons
- La possibilité qu'il y ait des expériences communes et des relations positives dans les écoles multiculturelles
- Une recherche partagée sur le sport et l'éducation et sur la formation des étudiants-athlètes
- L'intégration des installations sportives scolaires au modèle du sport fondé sur la collectivité : la possibilité de récupérer l'investissement grâce à des frais d'utilisation

Changements et avantages pour les milieux sportifs

- Les moniteurs d'éducation physique enseignent uniformément aux très jeunes les habiletés motrices
- Les programmes du sport fondé sur la collectivité sont intégrés et coordonnés (milieux sportifs, secteur de l'éducation et municipalité)
- L'expansion des programmes sports-études
- Un programme national de recherche pour le sport, l'athlétisme ainsi que le rôle et la place du sport dans la société
- L'harmonisation du système sportif de façon que la progression de l'athlète soit transparente
- Un développement global de l'étudiant-athlète
- Une approche exhaustive pour inculquer les valeurs et l'éthique aux jeunes, plus particulièrement les valeurs liées à l'esprit sportif

PROVINCES ET TERRITOIRES

Les thèmes qui ont guidé le Groupe de travail

- Les provinces et territoires en tant que principaux intervenants dans l'avenir du sport
- Une relation plus mûre avec les milieux sportifs
- Le sport à l'échelle locale en tant qu'élément fondamental
- Des ressources publiques limitées et la prolifération des sports
- Des liens plus étroits entre le système sportif et le système d'éducation
- L'intégration verticale du sport
- Une vision, des valeurs et des buts globaux communs pour ce qui est du sport
- Un rapprochement de la politique fédérale-provinciale-territoriale

Changements et avantages pour les provinces et territoires

- Une place de choix à la table de concertation en vue de dresser un plan sportif pour le Canada
- La possibilité d'un modèle plus efficace de sport fondé sur la collectivité
- L'occasion offerte aux provinces et territoires de s'engager plus à fond dans l'orientation du sport
- Une incitation à une planification fédérale-provinciale davantage concertée
- Des efforts déployés par les organismes nationaux et provinciaux de sport pour adopter une approche commune
- Un continuum sportif plus souple, assorti de politiques fédérales-provinciales-territoriales harmonisées
- Un secrétariat fédéral-provincial-territorial chargé d'harmoniser les politiques et les approches
- Une vision concertée et globale du sport
- Une amélioration de la certification, de la professionnalisation et de l'embauche des entraîneurs
- Une collaboration accrue entre les milieux du sport et de l'éducation
- Une collectivité sportive accessible, équitable et juste, qui répond aux attentes liées à la responsabilité sociale des provinces

TERRE-NEUVE   YUKON   COLOMBIE-BRITANNIQUE

CONDITION PHYSIQUE ET SPORT AMATEUR

Thèmes qui ont guidé le Groupe de travail

- Une relation plus évoluée avec les organismes de sport
- Une évolution vers un partenariat et une direction partagée
- Un système sportif plus équilibré
- Des rajustements et des révisions apportés à la politique en matière de sport
- Une planification plus intégrée entre les secteurs de la condition physique et du sport
- Une vision, des valeurs et des buts communs à tous les intervenants
- Une autonomie plus grande pour les organismes de sport

Attentes de la Direction générale de la condition physique et du sport amateur

- Un appui accru pour l'aide aux athlètes et l'embauche des entraîneurs
- Un remaniement des politiques et des méthodes en matière de financement
  - l'adoption de nouveaux critères d'admission des sports
  - l'accent mis sur les sports de base au Canada
  - la limitation de l'aide pour le sport de haute performance à l'échelle internationale à une liste de sports choisis
- La restructuration des responsabilités en ce qui concerne les ONS
- Le ciblage du programme de responsabilité sociale en matière de sport
  - l'équité et l'accès
  - l'éthique et la tutelle
- Le fusionnement des programmes de soutien appropriés
- La réduction du rôle directif dans les relations avec les organismes de sport
- La cession de certains programmes gouvernementaux aux ONS
- L'amélioration de la base d'information et des fonctions liées à la direction en matière de politiques
- La restructuration de CPSA et la redéfinition des rôles à tous les niveaux
- La promotion du sport en tant qu'important élément de l'identité et de la politique culturelles
- Des outils aidant à édifier un plan sportif pour le Canada

Changements et avantages pour le gouvernement

- Une affirmation du rôle du gouvernement fédéral dans le sport
- Un plan sportif pour le Canada
- Une vision, des valeurs et des buts nationaux pour guider le gouvernement fédéral dans sa planification du sport
- Une stratégie orientant la planification
- L'élaboration et le renouvellement des politiques fédérales en matière de sport
- La possibilité d'harmoniser les politiques fédérales, provinciales et territoriales en matière de sport
- L'établissement d'un système sportif pancanadien intégré et coordonné
- Un cadre de responsabilité progressif
- De meilleurs relations entre le gouvernement et le système sportif
- Une collectivité sportive plus mûre et autogérée
- La réitération du rôle du Ministre et de CPSA en tant qu'ardent défenseur (de la politique gouvernementale à l'égard) de la mentalité canadienne liée à l'activité physique
- Des données et une évaluation meilleures pour la planification de la politique gouvernementale
- Une nouvelle approche de l'admissibilité au financement des sports
- Une restructuration de CPSA qui est davantage appropriée
- La reconnaissance de l'importance du sport dans la politique sociale et culturelle et dans la responsabilité sociale
- Une stratégie pour l'accueil des jeux
- Des points à considérer en vue d'un nouveau modèle économique pour le sport

Les recommandations du Groupe de travail

CHAPITRE 3 : LE SPORT AU CANADA

Le Groupe de travail recommande donc :

F1.[1] Que la Direction générale de la condition physique et du sport amateur, de concert avec les intervenants du système sportif et des organismes gouvernementaux appropriés, entreprenne immédiatement une étude socio-économique sur l'influence du sport au Canada afin de sensibiliser davantage les Canadiens à l'importante contribution que le sport et l'expérience sportive apportent à la culture, à la société et à l'économie au Canada.

F2. Que Statistique Canada, le Conseil de recherches en sciences humaines, le Conseil de recherches en sciences naturelles et en génie[2], le Programme national de recherche et développement en matière de santé et le Conseil de recherches médicales, en consultation avec la Direction générale de la condition physique et du sport amateur, créent dans leurs codes de discipline une catégorie pour l'étude du sport et de l'activité physique afin de favoriser des études dans ces deux domaines au Canada.

F3. Que le ministre d'État à la Condition physique et au Sport amateur établisse des alliances avec les ministères fédéraux et provinciaux chargés de l'avancement de la culture canadienne afin :

- que la culture liée à l'activité physique au Canada constitue un élément important de la politique culturelle;
- que le sport fasse partie intégrante de la politique culturelle canadienne;
- que le sport scolaire et le sport communautaire soient reconnus comme des maillons de la culture de nos collectivités;
- que soient favorisés dans le sport scolaire et le sport communautaire les sports canadiens revêtant une importance culturelle.

F4. Que le gouvernement fédéral accepte la recommandation que la Direction de la vérification et de la révision des programmes, de Santé et Bien-être social Canada, a formulée dans son rapport d'évaluation de Condition physique Canada de 1991, c'est-à-dire :

Le gouvernement fédéral devrait, par l'intermédiaire de Condition physique Canada, continuer de participer à la promotion de l'activité physique auprès des Canadiens. Son rôle devrait consister à assurer une direction nationale et à favoriser l'interaction au sein du milieu de l'activité physique et du secteur de l'établissement des politiques.

Condition physique Canada devrait continuer de prêter une attention spéciale aux enfants et aux jeunes grâce à des initiatives telles que la campagne d'éducation physique quotidienne de qualité et le programme Jeunesse en forme Canada.

---

1. *Les recommandations précédées d'un «F» s'adressent au gouvernement fédéral.*

2. *Conformément à l'annonce faite lors du buget de 1992, le gouvernement fusionnera le Conseil de recherhes en sciences humaines avec le Conseil des arts du Canada.*

CHAPITRE 5 :
L'ÉTABLISSEMENT D'UN PLAN SPORTIF POUR LE CANADA

F5. Que le ministre d'État à la Jeunesse, à la Condition physique et au Sport amateur crée un nouveau groupe consultatif fédéral formé d'experts représentant les divers intérêts et secteurs directement touchés par la politique fédérale en matière de sport. Le groupe devrait relever directement du Ministre.

F6. Que les organismes de sport, les gouvernements et les autres intervenants du milieu du sport :

- établissent un cadre pour un processus de planification nationale fondé sur les principes d'une direction partagée et sur le respect des rôles des partenaires respectifs;

- mettent l'accent, dans le programme initial, sur la formulation de la vision, des valeurs et des buts nationaux en vue de la création d'un plan sportif pour le Canada;

- dressent une liste de mesures d'orientation prioritaires pour l'harmonisation des politiques des gouvernements fédéral, provinciaux et territoriaux;

- fassent des recommandations pour favoriser l'intégration verticale du système sportif.

F7. Que les gouvernements fédéral, provinciaux et territoriaux mettent immédiatement sur pied un secrétariat d'experts chargé d'harmoniser les politiques gouvernementales de façon à appuyer le plan sportif pour le Canada.

CHAPITRE 6 : LES ATHLÈTES

F8. Que le gouvernement fédéral, lorsqu'il prendra ses décisions annuelles concernant l'affectation des fonds, examine particulièrement dans quelle mesure les organismes de sport s'engagent activement à respecter les droits des athlètes.

F9. Que la Direction générale de la condition physique et du sport amateur offre une aide financière pour une période initiale de quatre ans afin d'appuyer la création de l'Association canadienne des athlètes. La nécessité de prolonger l'aide financière après cette période devrait être évaluée en fonction du rendement de l'organisme à la fin de la troisième année.

F10. Que la Direction générale de la condition physique et du sport amateur collabore avec les organismes nationaux de sport, en consultation avec les athlètes, les entraîneurs, les officiels et les clubs sportifs, afin d'établir un processus d'arbitrage neutre au sein du système sportif.

CHAPITRE 7 : LES ENTRAÎNEURS ET L'ENTRAÎNEMENT

11. Que les gouvernements et les organismes de sport adoptent l'orientation émanant des énoncés de la vision, des valeurs et des priorités stratégiques qui ont été formulés à la Conférence nationale sur les stratégies en matière d'entraînement de 1990 en tant que buts souhaitables pour le système sportif.

12. Que les organismes nationaux, multidisciplinaires et responsables des entraîneurs adoptent et préconisent le code d'éthique proposé pour les entraîneurs qu'ils examinent en fonction des valeurs de quelle façon le système sportif intégrera ce code à ses politiques et à sa conduite.

13. Que les organismes de sport ainsi que les organismes responsables des entraîneurs et de leur formation :

- élaborent et mettent en application une stratégie visant à accroître la reconnaissance et l'acceptation du Programme national de certification des entraîneurs;

- exigent de plus en plus un niveau de certification approprié pour les activités et les projets au sein du système sportif;

- assurent une évaluation permanente de l'efficacité du Programme national de certification des entraîneurs.

14. Que les gouvernements et les organismes de sport formulent et mettent en application une stratégie visant à promouvoir la place des entraîneurs dans le cadre de l'édification du nouveau modèle du sport fondé sur la collectivité proposé par le Groupe de travail. Cette stratégie devrait prévoir la formation et le perfectionnement des entraîneurs ainsi que la notion de faire occuper les postes d'entraîneurs principaux dans les centres par des entraîneurs certifiés au niveau III.

15. Que le gouvernement et les organismes de sport appuient les efforts de l'Association canadienne des entraîneurs et de l'Association canadienne des entraîneurs nationaux visant à professionnaliser les fonctions d'entraîneur au Canada. La professionnalisation devrait comprendre :

- l'incorporation par les organismes de sport du modèle de professionnalisation dans leurs méthodes de planification générale, de formation des entraîneurs et de responsabilisation;

- l'établissement d'un plan directeur pour une société d'entraîneurs professionnels;

- la reconnaissance professionnelle fondée sur des normes appropriées en matière d'éducation et d'expérience, sur la réussite à un examen, et sur le respect d'un code d'éthique des entraîneurs;

- l'accent sur la formulation de normes élevées essentielles à la stratégie, et de normes très élevées pour ce qui est de la pratique et de l'expérience en matière d'entraînement;

- un processus d'évaluation et de responsabilité à l'intention des entraîneurs.

16. Que les gouvernements et les organismes de sport reconnaissent et considèrent prioritaires le recrutement, la formation, l'embauche et la promotion des femmes entraîneurs pour accroître considérablement leur nombre dans le système sportif. Les propositions issues de la Conférence nationale sur les stratégies en matière d'entraînement devraient servir de lignes directrices pour atteindre ce but.

17. Que les organismes nationaux de sport et l'Association canadienne des entraîneurs nationaux dressent un plan pour inciter les athlètes de haute performance et les autres à devenir entraîneurs après leur retraite. La stratégie visant à encourager plus d'athlètes à devenir entraîneurs devrait prévoir l'octroi de crédits et de primes de formation pour l'expérience athlétique et donner priorité aux athlètes retraités pour les programmes de formation.

F18. Que la Direction générale de la condition physique et du sport amateur envisage des moyens de promouvoir et de privilégier une stratégie d'embauche des entraîneurs en tant qu'une priorité pour l'avancement d'une infrastructure liée aux entraîneurs.

19. Que les organismes de sport mettent au point un modèle d'aide financière pour favoriser l'embauche d'entraîneurs professionnels à temps plein et à temps partiel. Ce modèle prévoirait le recours à une cotisation des utilisateurs, à des fonds d'héritage des jeux d'importance, à un appui à part égale du secteur privé ainsi qu'aux deniers

publics en tant que fonds de mise en marche et d'encouragement. Ce plan aurait pour but d'aider le milieu des entraîneurs à devenir autonome sur le plan économique.

20. Que les professionnels de l'entraînement et le Conseil technique du Centre canadien d'administration du sport et de la condition physique se penchent attentivement sur le désir qu'ont certains de «gagner à tout prix» en examinant les valeurs et l'éthique dans le milieu des entraîneurs. Les professionnels de l'entraînement devraient tenter de résoudre ensemble les problèmes liés aux attitudes et aux comportements qui menacent l'intégrité et les valeurs sous-jacentes au sport.

CHAPITRE 8 : LES SERVICES À L'APPUI DU SPORT

21. Que les organismes de sports unidisciplinaires et multidisciplinaires élaborent et préconisent un modèle de «services de soutien», adapté aux différents niveaux du sport organisé (local-régional, provincial, national), qui prévoit des lignes directrices, des outils d'information, un encadrement et des rôles et qui énonce les responsabilités des groupes de spécialistes.

    Le modèle de services de soutien devrait porter sur :

    • la santé, la sécurité et la médecine sportive;

    • les sciences du sport;

    • les outils de perfectionnement technique;

    • l'éducation et les conseils;

    • la promotion et la communication;

    • les outils organisationnels.

22. Que les organismes de sport et les gouvernements tiennent compte du «modèle de services de soutien» proposé par le Groupe de travail dans l'élaboration du concept des modèles du sport fondé sur la collectivité.

F23. Que le gouvernement fédéral étudie et évalue ses principaux programmes de recherche et d'éducation en matière de sciences du sport et de médecine sportive (y compris la recherche appliquée dans le sport, l'appui aux sciences du sport, la surveillance de l'état de santé, les centres de soutien à la science et à la médecine et le volet «recherche et éducation» de l'Organisme antidopage canadien) et, de concert avec les parties visées, qu'il détermine :

    • un nouveau programme de recherche national qui guiderait l'attribution des contributions à la recherche;

    • une stratégie visant à coordonner les efforts de recherche déployés par le CCMS, les groupes de services de spécialistes, l'Organisme antidopage canadien et les organismes de sport;

    • une stratégie visant à coordonner le financement de ces programmes de soutien fédéraux en vue d'une approche commune, et, au besoin, à les lier à d'autres services tels que les centres nationaux d'entraînement;

    • voir aussi la recommandation 48.

24. Que le Conseil canadien de la médecine sportive, secondé au besoin par la Direction générale de la condition physique et du sport amateur, effectue une planification davantage intégrée avec ses associations membres dans le but de rationaliser le processus décisionnel et d'appliquer plus activement ses modes de réponse aux 10 priorités nationales concernant la médecine sportive et les sciences du sport dans le sport amateur.

25. Que le Conseil canadien de la médecine sportive envisage la possibilité de nouer des liens plus étroits avec les autres groupes non membres de médecine sportive, de sciences du sport et de services paramédicaux, afin que leurs services puissent être incorporés à une série de services offerts au système sportif.

26. Que le CCMS travaille avec ses groupes dispensateurs pour :
    - augmenter les services aux athlètes à tous les échelons du système sportif;
    - encourager l'établissement d'organisations et d'organismes comparables ainsi que la formation d'affiliations avec les groupes existants à l'échelle provinciale;
    - répondre au besoin de mettre sur pied des services de sciences du sport dans le cadre des services de soutien de base à tous les niveaux, conformément à la description fournie dans le présent rapport.

F27. Que la Direction générale de la condition physique et du sport amateur cède au Conseil canadien de la médecine sportive la responsabilité de la gestion des principaux programmes fédéraux de contributions aux sciences du sport et des fonds qui s'y rattachent, sous réserve que le Conseil fasse d'importants progrès pour ce qui est de mettre en oeuvre les propositions contenues dans les recommandations 24, 25 et 26.

F28. Que la Direction générale de la condition physique et du sport amateur favorise la collaboration entre l'Institut canadien de la recherche sur la condition physique et le mode de vie (ICRCPMV) et le Conseil canadien de la médecine sportive et ses groupes dispensateurs de services, et qu'elle les invite à examiner les options concernant la fusion officielle de l'ICRCPMV et du CCMS en un seul organisme national de coordination de la recherche sur la condition physique et le sport. Cet organisme, qui utiliserait les moyens de recherche actuels ou nouveaux, pourrait accorder des contributions dans le but d'exécuter les programmes nationaux de recherche des milieux du sport, de la condition physique et de la vie active.

29. Que les professionnels de l'entraînement et les organismes appropriés établissent des liens plus étroits avec les scientifiques du sport et leurs organismes pour favoriser un meilleur partenariat dans l'application des sciences du sport. Cette collaboration plus étroite entraînerait l'élaboration et l'utilisation directes de la recherche appliquée sur les lieux de compétition et d'entraînement.

F30. Que la Direction générale de la condition physique et du sport amateur établisse un programme d'échange en matière de sciences du sport avec des pays étrangers appropriés au moyen de ses ententes bilatérales et de son programme d'aide internationale.

F31. Que la Direction générale de la condition physique et du sport amateur incorpore les sciences du sport et la médecine sportive comme éléments essentiels de tout héritage envisagé après les jeux, lorsqu'elle négocie les dispositions financières concernant les jeux d'importance.

F32. Que la Direction générale de la condition physique et du sport amateur, les organismes nationaux responsables des sciences du sport et d'autres centres de subventions à la recherche en sciences du sport, poursuivent les discussions sur :
    - l'inscription de sujets liés aux sciences du sport au programme de subventions des autres organismes, le cas échéant;
    - l'élaboration de programmes de recherche communs liant les sciences du sport aux secteurs plus larges de l'exploration scientifique.

33. Que les milieux des sciences du sport poursuivent leurs efforts visant à engager le secteur privé dans le financement de la recherche dans le domaine du sport afin de

favoriser le développement et le perfectionnement du sport canadien ainsi qu'un mode de vie actif physiquement.

34. Que Le marketing canadien du sport et de la condition physique inc. élabore un ensemble de directives pour la promotion et la communication. Ces directives seraient fournies à titre de service par les organismes nationaux et provinciaux de sport aux groupes sportifs locaux.

35. Que le Forum de la haute direction, en collaboration avec le Centre canadien d'administration du sport et de la condition physique, établisse un ensemble d'outils organisationnels que les milieux sportifs nationaux et provinciaux offriraient comme service de soutien aux groupes sportifs locaux. L'ensemble pourrait renfermer quelques conseils utiles quant aux fonctions administratives, à l'élaboration et à la promotion du concept de clubs, à l'augmentation du nombre de membres, aux besoins en bénévoles qualifiés à des postes clés, etc.

CHAPITRE 9 : LES BÉNÉVOLES

36. Que le Centre canadien d'administration du sport et de la condition physique, en collaboration avec le Forum de la haute direction, établisse un résumé des responsabilités juridiques, financières et morales des organismes de sport à but non lucratif afin d'informer la collectivité sportive.

37. Que le Forum de la haute direction, en collaboration avec le Centre canadien d'administration du sport et de la condition physique, élabore des lignes directrices pour aider les directeurs des conseils d'administration des organismes de sport et le personnel rémunéré à remplir leurs rôles en s'entraidant. De plus, au moyen du Programme de formation à la direction bénévole, un outil d'auto-analyse devrait être élaboré pour permettre aux organismes de mieux comprendre :

- le partage des responsabilités entre le conseil d'administration bénévole et les professionnels embauchés à temps plein;
- la répartition appropriée des rôles et des responsabilités à mesure que davantage de professionnels assument des fonctions aux sièges sociaux des organismes.

F38. Que le gouvernement fédéral et les provinces et territoires continuent d'appuyer et d'élargir le programme de formation à la direction bénévole à l'échelle nationale.

F39. Que la Direction générale de la condition physique et du sport amateur et les autres organismes s'occupant du sport incorporent les programmes de reconnaissance des bénévoles dans leurs programmes de récompenses actuels ou futurs.

CHAPITRE 10 : LES ORGANISMES DE SPORT

40. Que les organismes nationaux et provinciaux de sport établissent des processus de planification mixte prévoyant la formulation de visions et de buts communs en vue d'un système sportif intégré. Les principaux dispensateurs des services sportifs à l'échelle nationale, provinciale et locale, devraient prendre part à ces processus.

F41. Que le gouvernement fédéral et les provinces et territoires établissent immédiatement un plan et un processus visant à harmoniser leurs politiques et leurs modèles de financement de façon à privilégier un continuum sportif transparent et souple, permettant ainsi d'améliorer l'efficacité et d'éliminer les lacunes et les chevauchements qui existent.

F42. Que la Direction générale de la condition physique et du sport amateur demande aux organismes de services multidisciplinaires nationaux autonomes (c'est-à-dire le

CCASCP, l'ACE, le CDS, le CCMS, la Commission pour l'esprit sportif, le MCSCPI et l'OAC) de formuler, individuellement et collectivement, une stratégie pour la prestation de leurs services aux ONS. Cette stratégie permettra :

- d'améliorer la communication du savoir-faire entre ces organismes centraux et les ONS;
- de favoriser l'intégration de ces rôles organisationnels clés qui sont liés aux pratiques courantes de gestion des ONS;
- d'encourager les OM à entreprendre des initiatives et des projets communs en vue d'élargir la portée et les effets de leurs services;
- de rendre leurs produits accessibles aux échelons provinciaux du sport, tout en étant sensibles à l'infrastructure et aux mandats actuels;
- de mettre au point des outils et des lignes directrices destinés aux milieux du sport à l'échelle locale;
- de réduire les frais administratifs généraux et collectifs liés à l'achat de services offerts par les OM, et d'utiliser les montants ainsi économisés pour améliorer leurs services.

F43. Que la Direction générale de la condition physique et du sport amateur favorise et appuie l'établissement d'un modèle national de services techniques visant à rehausser la prestation des services techniques concertés et intégrés aux organismes nationaux de sport dans les domaines de la formation des entraîneurs et des officiels, des programmes de la haute performance, de la médecine sportive et des sciences du sport, de la diffusion de l'information technique, et de la planification technique. L'Association canadienne des entraîneurs, le Conseil canadien de la médecine sportive et le Centre de documentation pour le sport devraient amorcer conjointement la coordination et la prestation des services, moyennant la participation des organismes nationaux de sport et de Condition physique et Sport amateur.

CHAPITRE 11 : LE SPORT FONDÉ SUR LA COLLECTIVITÉ

F44. Que pour avoir au Canada un système sportif fondé sur la collectivité :

- le gouvernement fédéral, les provinces et territoires et les organismes nationaux de sport étudient des modèles de planification coordonnés et fondés sur la collectivité, y compris les centres qui, au Canada et dans d'autres pays, ont connu du succès;
- les intervenants établissent un processus englobant un large éventail de représentants des chefs de file du sport et des loisirs à l'échelle locale (professionnels et bénévoles) dans le but d'examiner l'idée d'un modèle fondé sur la collectivité pour le développement du sport, en s'appuyant sur les éléments suivants :
  - la mise en commun des installations, programmes et ressources;
  - le partage des services de soutien;
  - un modèle de partage des services d'entraîneurs;
  - un plan et une gestion coordonnés;
- selon les résultats qui découleront des initiatives susmentionnées, un nouveau modèle de centre de développement du sport soit mis au point. Ce dernier aurait les caractéristiques suivantes :
  - fournir des expériences sportives positives et variées aux Canadiens, dès leur plus jeune âge;

- permettre aux athlètes participants de cheminer librement au sein des programmes et des sports offerts au centre;
- prêter une attention particulière aux questions de l'équité, de l'accès, des valeurs et de l'éthique dans le sport.

F45. Que le gouvernement fédéral propose qu'un certain nombre de modèles pilotes fondés sur la collectivité soient conçus en partenariat avec les gouvernements provinciaux intéressés et, s'il y a lieu, avec les ONS et les OPS.

CHAPITRE 12 : LE SPORT ET L'ÉDUCATION

F46. Que la Direction générale de la condition physique et du sport amateur, en collaboration avec les provinces, organise une série de conférences (c'est-à-dire que le système sportif rencontre le système d'éducation) dans le but de réunir des représentants du système sportif et du système d'éducation pour que ceux-ci trouvent des moyens efficaces de réduire les écarts entre les deux et de se rapprocher.

47. Que les organismes nationaux et provinciaux de sport examinent leurs liens avec le système d'éducation de façon que leurs buts et programmes correspondent davantage et que les athlètes puissent évoluer facilement au sein des deux systèmes.

48. Que le projet de plan sportif pour le Canada comprenne un programme national de recherche en matière de sport qui porterait sur :

- l'incidence de la participation active au sport de compétition sur la santé et sur la vie sociale. Cette étude serait menée par l'Institut canadien de la recherche sur la condition physique et le mode de vie;
- le développement global des athlètes dans un environnement sûr, sain et moral;
- l'enseignement donné aux moniteurs d'éducation physique à l'université et au collège; cet enseignement doit comprendre l'entraînement et le développement moral des étudiants-athlètes;
- l'édification d'un cadre préconisant la collaboration entre les systèmes d'éducation et du sport pour le développement des étudiants-athlètes.
- voir également la recommandation 23.

CHAPITRE 13 : L'ACCUEIL DE JEUX AU CANADA

F49. Que la Direction générale de la condition physique et du sport amateur applique une nouvelle politique d'accueil qui :

- privilégie une stratégie à long terme concernant l'accueil des compétitions internationales et des championnats mondiaux unidisciplinaires d'importance;
- rattache la stratégie d'accueil à d'autres buts internationaux;
- prévoit l'idée d'un fonds de dotation destiné au développement continu du sport au sein de la collectivité d'accueil;
- établit un programme à plus long terme pour ce qui est d'appuyer l'obtention et l'organisation des compétitions d'importance;
- maximise les avantages tirés de la participation des médias et des commanditaires;
- assure une distribution régionale équilibrée.

CHAPITRE 14 : LA PROMOTION DE L'EXPÉRIENCE SPORTIVE

50. Que les organismes nationaux de sport et Le marketing canadien du sport et de la condition physique inc. (MCSCPI) formulent conjointement des stratégies visant à :

   - encourager l'accueil d'un plus grand nombre de manifestations sportives d'élite afin que les athlètes canadiens puissent pratiquer leur sport devant le public canadien;

   - accroître l'intérêt des spectateurs canadiens pour le sport amateur et pour le sport en général et mieux leur faire comprendre la nature du sport au Canada;

   - mettre l'accent sur les médias locaux et spécialisés dans le sport pour former au sein de la collectivité un public pour le sport amateur;

   - mettre sur pied un groupe médiatique consultatif chargé de proposer à la collectivité sportive des façons d'améliorer la promotion et les relations avec les médias;

   - intégrer dans la gestion des organismes de sport une orientation davantage axée sur la mise en marché et la promotion;

   - augmenter de plus en plus les moyens dont est doté le MCSCPI en matière de relations publiques et de mise en marché, dans le but de fournir aux organismes nationaux de sport une orientation, de l'information et des services consultatifs.

51. Que les organismes nationaux de sport et Le marketing canadien du sport et de la condition physique inc. :

   - élaborent un cadre de communication pour aider les organismes de sport à faire connaître aux participants, aux spectateurs, au grand public, aux gouvernements et au secteur des entreprises les valeurs intrinsèques et «de divertissement» que véhicule le sport;

   - s'attachent à promouvoir le sport comme un élément important de la culture canadienne et évaluent l'incidence de la couverture médiatique du sport professionnel américain et canadien sur l'attitude et l'appui des Canadiens quant à une mentalité canadienne à l'égard de l'activité physique;

   - formulent une stratégie visant à ce que le sport non professionnel soit un élément clé reconnaissable de notre mentalité à l'égard du sport.

52. Que Le marketing canadien du sport et de la condition physique inc. :

   - envisage la possibilité de mettre sur pied, à titre de projet pilote, une agence nationale de presse sportive, qui permettrait de fournir plus facilement aux médias canadiens des nouvelles sportives canadiennes de qualité;

   - élabore un vocabulaire et des définitions utilisables pour les différentes catégories de sport telles que «le sport professionnel», «le sport de compétition organisé de haute performance» et «le sport récréatif»;

   - effectue des sondages d'opinion publique et d'autres formes d'enquêtes pour connaître les attitudes et les attentes du public à l'égard du sport amateur au Canada et à sa couverture médiatique. Les résultats pourraient guider la formulation de stratégies appropriées de mise en marché et de communication à l'intention de la collectivité sportive nationale et sous-nationale.

CHAPITRE 15 : LE SPORT INTERNATIONAL

53. Que les organismes nationaux de sport mènent des campagnes énergiques pour qu'ils soient représentés au sein des principaux organes de décision de leurs fédérations internationales respectives, dans le but de protéger et de promouvoir les intérêts de leurs membres et d'apporter une perspective canadienne dans le développement du sport à l'échelle internationale.

54. Que la collectivité sportive canadienne, aidée et conseillée par la Direction générale de la condition physique et du sport amateur, partage son savoir-faire et formule des stratégies visant à influer sur le mouvement sportif global pour ce qui est des questions qui, selon les valeurs et croyances canadiennes, sont jugées cruciales pour le sport.

    Le Groupe de travail recommande en outre que ce programme global aborde, entre autres, les points suivants :

    - la campagne contre le dopage et les pratiques interdites;
    - l'esprit sportif;
    - l'équité et l'accès concernant les femmes dans le sport;
    - l'intégration appropriée du sport pour les athlètes ayant un handicap;
    - les effets négatifs de la commercialisation du sport;
    - «le sport pour tous».

F55. Que la Direction générale de la condition physique et du sport amateur poursuive ses efforts visant à adopter un vigoureux programme de relations sportives internationales qui permettra de défendre les intérêts du sport canadien et du gouvernement fédéral sur la scène internationale.

F56. Que la Direction des relations internationales et des jeux d'importance, de la Direction générale de la condition physique et du sport amateur, coordonne l'élaboration d'une stratégie canadienne en matière d'aide au développement du sport. Celle-ci assurerait la collaboration des partenaires canadiens et viserait pour les pays bénéficiaires un degré d'autonomie assez avancé sur le plan du développement.

PARTIE IV : LE SPORT ET LA SOCIÉTÉ

F57. Que la Direction générale de la condition physique et du sport amateur intègre dans le cadre de responsabilité visant les organismes de sport un module sur les responsabilités et attentes sociales, entre autres :

    - pour l'organisme, l'obligation envers ses membres de remplir l'ensemble de son mandat, en tant que corps constitué;
    - l'obligation sociale et morale d'adhérer aux valeurs de l'organisme et de la *Charte canadienne des droits et libertés*;
    - la responsabilité de promouvoir énergiquement le concept du «sport pour tous», soit l'accès et le traitement équitable pour tous les segments de la population canadienne.

CHAPITRE 16 : LE BILINGUISME DANS LE SPORT

F58. Que le Programme d'initiatives en matière de bilinguisme de la Direction générale de la condition physique et du sport amateur poursuive son rôle de catalyseur en encourageant la collectivité sportive et en la sensibilisant à la nécessité et aux possibilités de fournir aux participants des services dans les deux langues officielles.

59. Que les organismes nationaux de sport continuent de dispenser, dans les deux langues officielles, les services administratifs et de communication de base qui aideront les athlètes et les membres de la collectivité sportive à participer, à prendre part aux compétitions et à communiquer (par exemple, les guides à l'intention des entraîneurs, les règlements, les lignes de conduite, etc.).

60. Que les organismes nationaux de sport publient, simultanément dans les deux langues officielles, l'information dont ont besoin les membres des deux groupes linguistiques pour être assurés d'une participation équitable à la régie et au processus décisionnel, et ce en fonction du caractère linguistique des membres.

F61. Que la Direction générale de la condition physique et du sport amateur collabore avec les provinces qui veulent et doivent établir des programmes communs visant à accroître les moyens de fournir des services bilingues dont disposent les organismes nationaux et provinciaux de sport appropriés.

62. Que les organismes nationaux de sport publient et distribuent, simultanément dans les deux langues officielles, les critères de sélection pour les équipes nationales. Les désaccords ou différends découlant des décisions quant à la sélection des athlètes, qui ne peuvent pas être résolus au moyen du processus d'appel adopté par l'organisme de sport, devraient être assujettis au mécanisme d'arbitrage proposé par le Groupe de travail, dans la recommandation 10.

CHAPITRE 17 : L'ÉQUITÉ ET L'ACCÈS

F63. Que la Direction générale de la condition physique et du sport amateur :
- intègre dans l'ensemble de ses politiques et programmes les principes du Programme Les femmes dans le sport;
- accorde la priorité à la mise en oeuvre des politiques et des programmes grâce à l'octroi de fonds;
- consulte les gouvernements provinciaux et territoriaux pour trouver des façons d'améliorer les possibilités offertes aux filles et aux femmes de s'adonner aux sports de leur choix;
- consacre des fonds de recherche à l'élaboration de mécanismes qui aideraient les organismes de sport à assurer une meilleure équité et un meilleur accès aux femmes dans le sport, dans le milieu des entraîneurs et dans le secteur de l'administration;
- accorde une grande priorité aux processus de financement et de responsabilisation pour faire en sorte que les ONS appliquent énergiquement leurs politiques et leurs programmes s'adressant aux filles et aux femmes.

64. Que les organismes nationaux de sport :
- inscrivent comme élément prioritaire dans leur planification stratégique l'avancement des filles et des femmes dans le sport;
- fassent preuve de vigilance et de responsabilité pour ce qui est de la sécurité morale et physique des femmes dans le sport, en veillant surtout à ce que l'équipement et l'environnement soient sûrs pendant les séances d'entraînement et de compétition et à ce que des mesures de prévention du harcèlement sexuel soient prises;
- rédigent et appliquent des politiques qui véhiculent clairement la signification sociale et juridique de l'égalité des sexes;
- rédigent et appliquent des politiques visant à assurer une représentation équitable des femmes au sein des conseils d'administration, des comités, des postes de

direction et de tout le système sportif, fixent des cibles s'y rattachant et dispensent une formation pour accroître la contribution des femmes;

- dépeignent, dans leurs campagnes publicitaires et promotionnelles, les femmes et les filles à l'aide d'un vocabulaire et d'images correspondant à leur expérience sportive, en prenant soin d'éviter les termes et les images présentant les femmes comme des objets.

F65. Que le gouvernement fédéral, par l'intermédiaire de la Direction générale de la condition physique et du sport amateur, appuie la création d'un secrétariat sportif autonome pour les peuples autochtones; celui-ci serait un organisme national de sport et toucherait des fonds :

- de mise en marche et de fonctionnement pour une période initiale de cinq ans, à la condition que soient formulés des buts et des objectifs à atteindre au cours de cette période, buts et objectifs qui auront été approuvés conjointement par le ministre d'État (CPSA) et le secrétariat;

- qui seraient assujettis, à la fin de la quatrième année, à une évaluation des progrès réalisés.

F66. Que la Direction générale de la condition physique et du sport amateur, en collaboration avec ce secrétariat éventuel, envisage la possibilité d'obtenir, pour des projets de sport intéressant particulièrement les autochtones, des fonds affectés à des programmes d'autres ministères dont les buts peuvent être réalisés au moyen d'activités liées au sport et à la vie active.

F67. Que la Direction générale de la condition physique et du sport amateur examine toutes les politiques et tous les programmes afin de voir comment les administrer de façon à promouvoir efficacement la participation des athlètes handicapés à tous les aspects du système sportif et que les organismes de sport s'occupant des personnes handicapées soient encouragés à ne plus mettre uniquement l'accent sur la haute performance et à préconiser davantage la participation des personnes handicapées dans le sport.

F68. Que la Direction générale de la condition physique et du sport amateur consulte les gouvernements provinciaux et territoriaux, les organismes nationaux de sport pour athlètes handicapés et les organismes nationaux directeurs de sport en vue d'organiser une conférence visant à trouver des moyens d'accroître la participation des athlètes handicapés au sein du système sportif.

F69. Que les ministres fédéral, provinciaux et territoriaux responsables du sport, en consultation avec les ministres provinciaux et territoriaux appropriés, lancent une stratégie nationale visant à promouvoir les possibilités offertes aux Canadiens appartenant à des groupes ethniques ou à des minorités visibles de participer au sport. Dans le cadre de l'élaboration de la stratégie, il faudrait tenir compte de la viabilité à long terme de l'action positive, et inclure dans le cadre de responsabilité du gouvernement la promotion des groupes ethniques et des minorités visibles auprès de ses organismes clients.

F70. En ce qui a trait aux organismes s'occupant de la promotion et de la publicité liées au sport au Canada, que le gouvernement fédéral incite les organismes qu'il subventionne à créer des images positives et multiculturelles des enfants et des jeunes athlètes.

CHAPITRE 18 : LES NOUVELLES TENDANCES SOCIALES

F71. Que la Direction générale de la condition physique et du sport amateur forme des alliances avec les ministères responsables de la politique sociale, le Conseil canadien de développement social et d'autres organismes, en vue de planifier avec eux des façons d'accroître l'accès au sport et de soutenir le développement du sport pour les personnes au sein de la société canadienne qui sont défavorisées sur le plan social et économique.

F72. Dans le cadre de sa planification stratégique, que la Direction générale de la condition physique et du sport amateur suive les tendances démographiques afin de trouver les nouveaux groupes ou points d'intérêt qui pourraient bénéficier grandement des avantages que procure le sport.

CHAPITRE 19 : L'ÉTHIQUE DANS LE SPORT

F73. Qu'au moyen de la recherche et de sondages, la Direction générale de la condition physique et du sport amateur se tienne au courant des croyances et des opinions des Canadiens sur les valeurs et l'éthique du sport amateur et qu'elle publie les résultats de cette recherche et de ces sondages à l'intention de la collectivité sportive.

F74. Que la Direction générale de la condition physique et du sport amateur multiplie ses activités d'intervention et accroisse sa participation dans les domaines touchant la santé et la sécurité des athlètes dans tout le continuum sportif, et que, de concert avec les provinces, les territoires et les conseils de médecine sportive, elle :

- établisse une banque de données nationale sur les blessures subies dans le sport de compétition organisé (en partie dans le but de favoriser l'accès à long terme à l'assurance-responsabilité et l'assurance-accident);
- détermine des domaines de recherche connexes;
- travaille avec les organismes nationaux de sport à l'élaboration de stratégies visant à réduire les blessures évitables.

F75. Que la Direction générale de la condition physique et du sport amateur conjugue ses efforts à ceux de l'OAC et des organismes nationaux de sport de façon que le Canada puisse continuer à assumer son rôle de chef de file dans la lutte globale menée contre le dopage tout en soulignant les liens importants qu'il y a avec les valeurs et l'éthique.

76. Que les organismes nationaux de sport et les organismes multidisciplinaires :

- précisent et rendent publics les principes et les valeurs qui guideront leur sport, son administration et ses pratiques et dont ils sont prêts à assumer publiquement la responsabilité;
- appliquent les valeurs et l'éthique en matière de direction et d'administration préconisées dans le plan sportif canadien;
- suivent de près, ensemble, la tendance du sport à s'éloigner de ses racines traditionnelles qui reposent sur des règles, des principes et des valeurs, et prennent des mesures correctives pour veiller à ce que le sport de compétition organisé s'inscrive dans le cadre du plan sportif canadien et conserve ses valeurs fondamentales.

77. Que les organismes nationaux de sport et les organismes multidisciplinaires :

- sensibilisent les entraîneurs, les officiels et les athlètes aux valeurs, aux règles et à l'éthique du sport ainsi qu'au rôle de chacun lorsqu'il s'agit de les faire respecter;

- examinent les principes sur lesquels sont fondés les règles et les conventions (c'est-à-dire les pratiques et les normes) en usage dans leurs sports dans le but de veiller à leur caractère éthique et à leur uniformité et de s'assurer que les athlètes, les entraîneurs et les officiels ne risquent pas d'être pris dans un dilemme éthique en raison du manque d'uniformité des règles et des conventions du sport.

78. Que les organismes nationaux et les organismes multidisciplinaires :

- mettent davantage l'accent sur la santé et la sécurité des athlètes et élaborent des plans nationaux visant à réduire pour les athlètes les risques de blessures inhérents à leur sport;

- établissent des stratégies visant à aborder la question de la violence dans le sport du point de vue de la morale (par exemple, la tricherie), de la santé et de la loi;

- élaborent des plans antidopage propres à leur sport, travaillent en collaboration avec l'Organisme antidopage canadien et participent à la campagne canadienne de lutte contre le recours aux drogues dans le sport.

79. Que l'Association canadienne des entraîneurs précise clairement, et ce, à tous les niveaux du programme de certification, le rôle joué par l'entraîneur dans l'éthique dans le sport et dans l'adoption de comportements éthiques par les athlètes pendant les compétitions.

80. Que la Commission pour l'esprit sportif :

- fournisse un appui aux organismes nationaux de sport qui entreprennent un examen de leurs règles et de leurs conventions sur le plan de l'éthique et qui élaborent des programmes et des modèles permettant de résoudre tout problème d'ordre éthique qui surgit;

- intestifie et accélère ses efforts dans le but de contrer la violence dans le sport et élargisse, en collaboration avec l'OAC, son programme de lutte contre le recours aux drogues dans le sport pour en faire une question de valeurs et d'éthique;

- collabore avec les autres organismes multidisciplinaires de façon à mettre davantage l'accent sur les valeurs et les enjeux éthiques inhérents à la conduite du sport.

81. Que la Commission pour l'esprit sportif devienne une entité constituée sans but lucratif, qui conserve des liens solides avec les gouvernements et la collectivité sportive, mais demeure objective en sa qualité de conscience et d'observateur critique de la conduite du sport.

82. Que l'Association olympique canadienne soit encouragée à se servir de la philosophie du mouvement olympique et de ses valeurs de base pour promouvoir les valeurs essentielles et les bienfaits du sport, et pour encourager une direction et des mesures conformes à ces valeurs.

83. Que la Commission pour l'esprit sportif et l'Association olympique canadienne conjuguent et multiplient leurs efforts pour sensibiliser les jeunes aux valeurs et à l'éthique du sport par l'intermédiaire du réseau scolaire canadien.

CHAPITRE 20 : LE RÔLE DES GOUVERNEMENTS

F84. Que la structure de Condition physique et Sport amateur soit repensée, tout comme son rôle de direction et son approche, de façon à correspondre aux nouvelles façons de percevoir, de conduire et de régir le sport, ainsi qu'aux changements que recommande le Groupe de travail dans son rapport.

CHAPITRE 21 : LES POLITIQUES ET LES PROGRAMMES DU GOUVERNEMENT FÉDÉRAL EN MATIÈRE DE SPORT

F85. Que la Direction générale de la condition physique et du sport amateur publie une politique révisée de gestion des ressources humaines dans laquelle seraient énoncées les conditions liées au financement fédéral des postes de cadres au sein des organismes nationaux de sport. La politique devrait :

- décrire les conditions générales qui, selon le gouvernement, devraient régir la gestion des ressources humaines;

- préciser clairement que les organismes nationaux de sport détiennent absolument et exclusivement le pouvoir et la responsabilité en matière de sélection, d'évaluation et de gestion du personnel.

F86. Que la Direction générale de la condition physique et du sport amateur invite les organismes nationaux de sport intéressés à participer à un examen approfondi du processus de planification quadriennale en vue de le simplifier et de faire en sorte qu'il s'adapte mieux aux besoins de chacun des organismes. En outre, à compter de maintenant, l'utilisation du processus de planification quadriennale par les ONS devrait être facultative et ne devrait plus être une condition à l'aide financière.

F87. Dans le but de mieux protéger les droits des athlètes, que la Direction générale de la condition physique et du sport amateur examine et révise l'entente provisoire actuelle entre l'athlète et l'ONS concernant le Programme d'aide aux athlètes, de façon à ce qu'il y ait un meilleur équilibre entre les droits des athlètes et ceux des associations et, qu'en ce sens, elle demande aux organismes nationaux directeurs de sport de revoir toutes les ententes actuelles avec leurs athlètes en fonction de l'entente provisoire révisée.

F88. Que la Direction générale de la condition physique et du sport amateur conserve le même but pour le Programme d'aide aux athlètes, soit de compenser les frais supplémentaires de subsistance et d'entraînement engagés par les athlètes.

F89. Que la Direction générale de la condition physique et du sport amateur fasse du brevet C le principal brevet des équipes nationales et qu'elle en rehausse la cote en l'octroyant aussi aux athlètes qui remportent des championnats nationaux et qui font partie d'une équipe nationale subventionnée par le gouvernement fédéral. De plus, à l'avenir, les brevets A et B devraient servir à reconnaître les athlètes de calibre mondial ainsi qu'à les aider à assumer les frais supplémentaires d'entraînement, de scolarité et de subsistance qu'ils doivent engager pour évoluer dans le sport de haute performance.

F90. Que la Direction générale de la condition physique et du sport amateur revoit le système d'octroi des brevets aux athlètes afin de réduire le nombre actuel de catégories de brevets qui est de neuf. Cependant, les athlètes détenant actuellement des brevets ne devraient subir aucune perte attribuable aux changements qu'entraînerait cette révision.

F91. Que la Direction générale de la condition physique et du sport amateur examine les allocations qu'elle verse présentement dans le cadre du Programme d'aide aux athlètes pour les majorer en fonction du coût actuel de la vie au Canada. Ces révisions seraient déterminées pour le nouveau brevet C qui est proposé et seraient appliquées proportionnellement aux autres brevets. Le niveau des augmentations accordées devraient tenir compte de la nature non imposable des allocations versées dans le cadre du PAA.

F92. Que la Direction générale de la condition physique et du sport amateur agisse le plus rapidement possible pour harmoniser les politiques et critères du PAA avec ceux des programmes provinciaux et territoriaux d'aide aux athlètes.

F93. Que la Direction générale de la condition physique et du sport amateur, dans le contexte de l'administration et de l'examen du Programme d'aide aux athlètes et d'autres questions ayant trait aux athlètes, établisse le plus tôt possible un processus de consultation directe et suivie avec les athlètes de haute performance. Les premières dispositions qu'elle prendrait consisteraient :

- à déterminer les mécanismes nécessaires à des consultations permanentes;

- à entreprendre d'autres études sur l'appui à accorder aux athlètes de haute performance pour les aider à réintégrer la vie courante après leur carrière sportive et à formuler des recommandations appropriées s'y rattachant;

- à concevoir un programme d'orientation à l'intention des athlètes de haute performance se retirant de la compétition active.

F94. Que le gouvernement fédéral, en collaboration avec les organismes nationaux de sport et les gouvernements provinciaux et territoriaux, entreprenne une étude de faisabilité sur la nécessité et la création possible d'une fondation pour les athlètes, qui aurait pour but d'aider les athlètes de haute performance à assumer les frais supplémentaires d'entraînement, de scolarité et de subsistance qu'ils doivent engager.

F95. Que le gouvernement fédéral remplace la méthode de classement des sports préconisée actuellement dans le système de reconnaissance des sports par un nouveau cadre d'admissibilité au financement des sports (AFS) qui,

- pour ce qui est **des *caractéristiques de base* :**
  - comprendrait les dimensions liées à la reconnaissance et à l'admission qui, quoique tout aussi rigoureuses que ce qui est actuellement en vigueur, seraient assorties d'un éventail plus vaste de critères;
  - s'appliquerait uniformément à tous les organismes de sport;
  - allouerait une période de grâce de cinq ans dans le cas des organismes de sport actuels qui ne satisfont pas aux critères, afin de leur permettre de s'adapter au nouveau système;
  - préconiserait la notion des sports de base canadiens;
  - comporterait un modèle prévoyant une évaluation du profil du sport et un examen des plans soumis par l'ONS;
  - permettrait l'accès à une liste des programmes de financement fédéral, en fonction du profil du sport, des plans et de la concordance avec les priorités fédérales et nationales.

- pour ce qui est d**e *sa conception et de sa gestion* :**
  - aiderait l'organisme de sport dans sa planification et son auto-évaluation;
  - aiderait les autres intervenants du système sportif dans la planification de la politique nationale en matière de sport;

- ne constituerait pas un gros fardeau administratif pour les organismes nationaux de sport.

F96. Que la Direction générale de la condition physique et du sport amateur, de concert avec les provinces et les territoires, envisage la possibilité de cibler un ensemble de sports de base canadiens à des fins de financement. Ces sports seraient choisis en fonction de leur importance historique, culturelle et géographique, ainsi que de leur contribution à la société canadienne. Ils recevraient une attention spéciale et continue de la part des deux paliers de gouvernement. L'idée est de ramener le nombre élevé de sports qui touchent actuellement des fonds gouvernementaux à un nombre plus réaliste.

F97. Que la Direction générale de la condition physique et du sport amateur détermine les sports :

- qui revêtent une importance historique, culturelle, géographique et développemental pour le Canada (actuellement et éventuellement);
- qui sont susceptibles d'offrir en permanence des programmes de haute performance de qualité grâce auxquels les athlètes d'élite bénéficieront d'une gamme complète de possibilités de poursuivre l'excellence à son plus haut niveau.

En fonction de cette évaluation, que la Direction générale de la condition physique et du sport amateur, dans l'octroi de ses fonds pour les équipes nationales et le sport de haute performance, mette l'accent sur les sports ayant démontré le plus de potentiel et de progrès, ce qui réduirait ainsi le nombre de sports touchant des sommes publiques considérables pour des programmes internationaux de haute performance.

F98. Que la Direction générale de la condition physique et du sport amateur, lorsqu'elle apportera à son rôle les modifications qui auront été approuvées par le gouvernement, travaille en étroite collaboration avec les cadres de Sport Canada pour examiner et redéfinir leurs fonctions et leurs responsabilités, ainsi que pour leur offrir la formation et la réorientation dont ils auront besoin pour mieux comprendre ces changements et mieux assumer leurs nouveaux rôles.

CHAPITRE 22 : LE PROCESSUS DE FINANCEMENT DU GOUVERNEMENT FÉDÉRAL

F99. Qu'en prêtant son appui au système sportif, la Direction générale de la condition physique et du sport amateur :

- continue de subventionner les organismes nationaux de sport sous forme de contributions;
- adopte pour le sport un cadre de financement s'étendant sur trois à cinq ans, prévoyant des contrats et des engagements de financement fédéraux, un examen annuel et un rajustement des catégories d'aide appropriées.

F100. Que la Direction générale de la condition physique et du sport amateur entreprenne un examen exhaustif des exigences comptables actuelles auxquelles doivent satisfaire les organismes nationaux de sport, dans le but de simplifier le processus et de réduire la paperasserie.

F101. Que la Direction générale de la condition physique et du sport amateur diminue le nombre de «blocs de financement» actuellement en vigueur et élargisse la définition de ceux-ci de façon à donner aux organismes de sport une plus grande souplesse quant à l'utilisation des fonds fédéraux.

F102. Que la Direction générale de la condition physique et du sport amateur révise le processus de décisions en matière de financement qui est utilisé actuellement afin :

- de le rendre plus ouvert;
- de permettre aux organismes de présenter leur cause directement à l'échelon décisionnel approprié, s'ils le souhaitent;
- de prévoir un mécanisme d'examen des décisions en matière de financement, à la demande d'un organisme.

F103. Que la Direction générale de la condition physique et du sport amateur, le Forum de la haute direction et le Centre canadien d'administration du sport et de la condition physique formulent une stratégie concertée visant à intégrer les techniques informatiques dans le processus de financement et de comptabilité.

F104. Que la Direction générale de la condition physique et du sport amateur, lorsqu'elle mettra en oeuvre le nouveau cadre d'admissibilité au financement des sports et appliquera les exigences de responsabilité liées au financement des organismes nationaux de sport, exige :

- que les ONS présentent dans le cadre de leur demande de fonds, des plans stratégiques dans lesquels sont énoncés les buts et les objectifs ainsi que les mesures prises pour les atteindre;
- des protocoles d'entente ou des contrats établis en fonction de la demande de l'organisme et des modalités de l'accord conclu avec lui;
- que les décisions subséquentes en matière de financement soient fondées sur les progrès réalisés par les ONS au chapitre de la réalisation de ses plans.

CHAPITRE 23 : UN NOUVEAU CADRE DE RESPONSABILITÉ

105. Que les organismes nationaux de sport privilégient un nouveau cadre de responsabilité pour le sport qui est fondé sur :

- la reconnaissance des athlètes et des membres en tant que principaux bénéficiaires des possibilités et des services dans le domaine du sport;
- la reconnaissance que les organismes de sport détiennent un mandat public dont ils sont responsables envers le public canadien;
- une nouvelle façon d'aborder la responsabilité envers les gouvernements et concernant l'utilisation des fonds publics.

F106. Que la Direction générale de la condition physique et du sport amateur abandonne les priorités exclusivement fédérales et reconnaisse la responsabilité des ONS en fonction de leur mandat en matière de sport, de leur responsabilité en tant que détenteurs d'un mandat public et de leur réceptivité à l'égard des buts nationaux et des priorités fédérales.

F107. Que gouvernement fédéral adopte une approche graduelle pour ce qui est de retirer les exigences actuelles en matière de responsabilité et de les remplacer par un nouveau cadre fédéral de responsabilité fondé sur l'utilisation du nouveau modèle d'admissibilité au financement des sports proposé par le Groupe de travail.

F108. Que le gouvernement fédéral établisse une déclaration d'intention faisant état de son engagement à agir en conformité avec :

- son rôle et sa responsabilité pour ce qui est d'appuyer et d'encourager le développement du sport au Canada;

- un énoncé bien arrêté des croyances et des valeurs qu'il associe au sport au Canada;

- un énoncé bien arrêté des principes et des approches qu'il entend adopter dans l'exécution de son rôle et de ses responsabilités au sein du système sportif;

- les critères sur lesquels il se fondera pour prendre ses décisions en matière de politiques et de financement;

- un engagement à consulter régulièrement ses groupes clients quant aux progrès réalisés vers la concrétisation de ces intentions.

CHAPITRE 24 : VERS UN NOUVEAU MODÈLE ÉCONOMIQUE

F109. Que la Direction générale de la condition physique et du sport amateur appuie l'élaboration d'un modèle économique amélioré pour le sport, l'accent étant mis sur :

- une aide de base pour la fonction de gestion des organismes nationaux de sport;

- une aide pour les frais de déplacement et les programmes nationaux de sport;

- un contexte économique et fiscal approprié, par exemple la reconnaissance du statut d'organisme sans but lucratif;

- une aide pour l'élaboration de méthodes et de stratégies systémiques visant à améliorer le modèle économique.

110. Que chacun des organismes de sport envisage de nouveaux modèles financiers, lesquels reposeraient sur les frais d'utilisation, sur des méthodes de mise en marché proactive, sur une orientation axée sur le marché, sur un accroissement du nombre de membres grâce à la formation d'alliances avec des programmes scolaires et à l'amélioration des loisirs, sur des méthodes de gestion des manifestations sportives et sur des liens accrus avec le secteur de la vente au détail. De tels modèles devraient comporter des stratégies visant :

- à développer un marché du travail pour les entraîneurs et à y investir;

- à créer des fonds d'héritage après les jeux d'importance, qui serviraient à appuyer le fonctionnement et les programmes après la tenue des jeux;

- à attirer la commandite des industries et la prestation des services en nature (par exemple le savoir-faire du personnel);

- à partager les coûts de la prestation des programmes de sport au moyen d'un partenariat entre le système d'éducation et le système sportif, dans l'intérêt des deux systèmes;

- à commercialiser la technologie et le savoir-faire des Canadiens sur les marchés intérieur et international.

F111. Que le gouvernement fédéral établisse des lignes directrices qui aideront les organismes de sport à planifier leurs modèles financiers généraux de façon qu'ils soient conformes aux politiques économiques et fiscales canadiennes (c'est-à-dire statut d'organisme sans but lucratif, droit à des déductions d'impôt, TPS, déductions en raison de commanditaires, remises de droits, etc.) et qu'ils en tirent profit.

F112. Que les gouvernements fédéral, provinciaux et territoriaux, moyennant l'appui d'autres sources pertinentes, établissent une base de données sur l'économie et l'industrie du sport, depuis le sport récréatif jusqu'au sport de haute performance, aux fins de la planification stratégique et économique à long terme et de l'élaboration des politiques.

CHAPITRE 25 : LES CHEFS DE FILE ET LA DIRECTION

113. Que les organismes nationaux de sport établissent, à l'intention des bénévoles et du personnel, une nouvelle approche de la formation des chefs de file qui :

- serait mise à la disposition des organismes nationaux et provinciaux de sport et à d'autres organismes dans le secteur sans but lucratif, à modeste prix;

- comporterait un programme de cours portant sur :
  - les techniques liées à la consultation, à la collaboration et à la recherche de l'accord général;
  - la façon de discuter de la nature et de l'orientation de la politique gouvernementale en matière de sport et de les concilier;
  - la façon de comprendre et d'assumer les responsabilités générales qui se rattachent au mandat public;

- permettrait de former des chefs de file d'ordre fonctionnel tels que des dirigeants de programmes techniques, des dirigeants d'organismes et de gestion organisationnelle, et des chefs de file de la politique gouvernementale;

- lierait les ressources et compétences actuelles avec l'aide et l'appui du gouvernement fédéral relativement à la formation des chefs de file;

- prévoirait l'examen et l'évaluation de la viabilité d'un institut de formation des chefs de file dans le domaine du sport (non pas un établissement de briques et de béton).

114. Que la collectivité sportive forme sa propre direction individuelle et collective afin de jouer un rôle vital dans l'édification d'un plan sportif pour le Canada.

F115. Que le gouvernement fédéral s'inspire des recommandations du Groupe de travail pour redéfinir et reformuler son rôle dans la direction partagée au sein du système sportif.

RAISONS JUSTIFIANT LA PARTICIPATION DU GOUVERNEMENT FÉDÉRAL AU FINANCEMENT ET AUX AUTRES FORMES D'APPUI DANS LE BUT DE STIMULER LE DÉVELOPPEMENT DU SPORT

F116. Que le gouvernement fédéral s'engage, de façon substantielle, à soutenir le développement à long terme du sport au Canada, engagement s'accordant avec les avantages qu'en retirera dans l'immédiat et dans l'avenir le Canada.

LA RECOMMANDATION FINALE

F117. Qu'à mesure que les grandes orientations et réformes présentées dans ce rapport sont mises en oeuvre de façon satisfaisante et que les milieux sportifs assument la responsabilité pour l'exécution des programmes et la gestion du sport au Canada, le gouvernement fédéral renonce graduellement à la plupart de ses attentes au titre de l'obligation faite aux milieux sportifs de rendre des comptes eu égard à l'utilisation de fonds fédéraux, et ne retienne que les éléments qui s'avèrent essentiels pour protéger et promouvoir l'intérêt public (par exemple, santé et sécurité, mobilité et accès, identité culturelle, éthique, harmonisation fédérale-provinciale et responsabilité fiscale). Cette évolution devrait se traduire par une réduction marquée des exigences administratives, à tel point qu'elles deviendront négligeables. Les milieux sportifs miseront alors sur l'autogestion, leur propre conscience et leurs propres mesures de contrôle.

Le Groupe de travail recommande également que le gouvernement fédéral et la collectivité sportive nationale unissent leurs efforts pour atteindre ce but souhaitable d'ici 10 ans.

Minister's Task Force on Federal Sport Policy

DISCARDED

SPORT: THE WAY AHEAD

An Overview of the Task Force Report

Published by the authority of
The Minister of State
Fitness and Amateur Sport

© Minister of Supply and Services Canada 1992
Cat.No. H93-105/1992
ISBN 0-662-59026-0

FAS 8034

Table of Contents

Introduction

This overview of the Task Force Report is an abbreviated version and is also intended to serve as an aide to the full report (full report is *Sport: The Way Ahead*, Report of the Minister's Task Force on Federal Sport Policy). To fully understand the report, we recommend a reading of the full report.

This overview contains four sections.

The first section is a summary that follows the topical sequence of the full report, briefly outlining the arguments and observations and indicating the relevant recommendations.

The second section is an outline of nine key themes which are derived from the report. For each theme, there is an outline of the key desired elements and related recommendations.

The third section is a set of seven "stakeholders" sheets. For each major stakeholder in sport, a page provides highlights of the key implications, benefits and themes.

Finally, the last section is a literal summary of all the recommendations, listed by chapter from the full report.

We begin this overview by presenting the *"Foreword"* as it appears at the start of the full Task Force Report:

> *The Task Force looks at the future for sport in Canada with optimism. Investment to date has laid a strong base for the progress we have witnessed. We are enthused by the energy, ideals and sense of maturation that have developed in the last 30 years of modern sport. We are posed on the edge of the next era - an era of quality, more complete, more responsible and fully accessible sport in Canada, grounded in Canadian values, "made in Canada" to fit our geography and societal structures, and reflecting pride in both participation and the pursuit of excellence. In this future, we have recommended an evolving federal role to the Minister of State for Fitness and Amateur Sport.*

The Summary

THE VISION

Look into the future through the eyes of the Task Force. See a vision of sport in Canada which is achievable and reflective of sport's position as an integral element of Canadian society. By sport, the Task Force means the range of sporting activity in Canada from recreational through organized competitive sport including high performance sport—but not professional sport.

In the future...

Canada is respected worldwide as a true sporting nation. Canadian culture, heritage, character and landscape are manifested by our involvement in sport throughout Canada and the world. Sport touches virtually every aspect of the Canadian ethos -our culture, our health, our economic viability, our play.

Sport binds our diverse nation together, through pride, people-to-people exchange and portrayal of Canadian values. Sport is integral to Canada and Canada is committed to sport. Sport is the source of deep and rewarding experiences, enriching the daily lives of all Canadians, whether as a participant, supporter or spectator. "Team Canada" is at once our team, our athletes, our approach to sport, our country.

Canada's amateur athletes are people of all ages, skills and backgrounds, enjoying sport in their own communities. Opportunities exist for all Canadians to participate to the level of their choice, with the primary focus of those involved in providing these opportunities being the needs of the athlete. The voice of athletes is heard in all decision-making circles.

Athletes speak of their sport experiences in terms of fun, joy and achievement. Through sport, we test ourselves, against ourselves, against the elements and against others, and express ourselves physically, mentally and spiritually.

To the special group of athletes who attain the highest levels of achievement, who dare to be measured in a moment of distinction, and who represent Canada on the world scene, Canada offers support and celebrates their roles as symbols of excellence. The pursuit of athletic perfection is celebrated for the quest as much as for the result - win or lose, we all win.

Highly skilled, certified coaches are indispensable to the development of Canadian athletes and are respected for their profession. From the communities to the high-performance centres, they, along with volunteers and experts in sport medicine, the sport sciences, safety, counselling, promotion and organization, are available to athletes whatever their place in the sport spectrum.

Community-centred sport provides broad opportunities for participation. Community groups work collaboratively to maximize the use of facilities and resources. Physical educators and recreation specialists join hands with sport leaders. Together, they work with local governments to provide a range of quality sport experiences, ensuring the wellness of the athlete as a whole person. Cradle-to-grave, we value lifelong physical activity and sport as a cultural trademark of our society.

Canada hosts the world in sport through major events and international leagues, in order to promote sport and allow Canadian athletes opportunities to compete at home. Sport media promote non-professional sport—extolling performance in a positive light and inspiring appropriate ethical conduct. Strong and strategic international representation by Canadians protects and promotes Canadian interests in international sport and Canadians share their enormous prosperity and expertise by helping less fortunate nations improve their opportunities in sport. Canada is a world leader in the debate and resolution of the major issues facing the sport movement.

Canadian values of respect for others, tolerance of diversity, equity and generosity are exemplified throughout sport. Fairness permeates the practising of these values. Access and equity exemplify fairness. Sport flourishes as it provides ethical and responsible leadership.

Sport organizations work together in the spirit of co-operation and mutual support, taking a shared path towards the creation of a plan for sport in Canada. The Canadian sport system is characterized by a supportive and co-operative partnership between governments, not-for-profit and corporate sector organizations. With harmonized policies and programs, all stakeholders work together to enhance the sport experiences of all athletes at all levels of sport. The barriers and gaps are eliminated allowing a smooth, seamless progression along the sport continuum.

The sport system is grounded in Canadian values. It is athlete-centred. It is community-based. It is equitable. It is fair. It is accessible to all Canadians.

Above all, the essence and future of sport is protected for those who will inherit this public trust...for the love of sport.

PART I: BACKGROUND

Introduction

The Government of Canada released the *Report of the Commission of Inquiry into the Use of Drugs and Other Banned Practices Intended to Increase Athletic Performance* (Dubin Report) in June 1990.

The government's initial response (August 9, 1990) dealt with the government's disposition towards the individuals named in the Dubin Report and proposed a new penalty framework to deal with doping violations. The Phase Two response (January 9, 1991) dealt more comprehensively with doping-related matters. The government announced a significantly enhanced anti-doping campaign including a new, independent, anti-doping organization and proposed legislative changes to improve the control of anabolic steroids.

That left the broader sport policy implications of the Dubin Report to be dealt with. A Ministerial Task Force was established in January 1991 to look at these implications and those of earlier reports (including, the 1990 *Report of the Standing Committee on Health, Welfare, Social Affairs, Seniors and the Status of Women, Amateur Sport: Future Challenges* and the 1988 Report of the Task Force on National Sport Policy, *Toward 2000: Building Canada's Sport System*).

Specifically, the Task Force was asked to examine the purpose and place of sport in society, the underlying values and ethics that should shape its conduct, the roles and responsibilities of the national sport governing bodies, and the federal government's future role in sport policy and programs.

In many ways, this was to be the most important and challenging part of the whole post-Dubin Inquiry review because it went right to the root of sport and its place in Canadian society.

Chairing the Task Force was former senior public servant Cal Best. Dr. Marjorie Blackhurst, an expert in ethics and values and Lyle Makosky, Assistant Deputy Minister of Fitness and Amateur Sport were the other two members.

For close to a year, the Task Force went about its work, consulting widely with athletes, coaches, the sport community, provincial and territorial governments and educators and many others involved or interested in sport in Canada. Numerous studies and environmental research also assisted the Task Force in its work.

The Task Force report calls for nothing less than fundamental reform of the sport system in Canada. Sport, it says, must above all be based on ethical values. It must become athlete-centred, community-based and more accessible in a better harmonized system where

shared leadership goes hand-in-hand with clearly defined accountabilities. How this reform is to be carried out and why is contained in what follows.

Sport And Canadian Society

The Task Force confirms unequivocally the importance of sport in our society. For example, it learned that "a majority of Canadians (90%) agree that sport is just as much an element of Canadian culture as music, films or literature". (Decima 1991)

Sport is pervasive. It is the topic of conversation around the water cooler at work. At times, it dominates the airwaves and forms a major portion of our daily newspapers. The literal pervasiveness of sport is clear. Research shows that about 15 million Canadians (over the age of 10) participate in some form of physical activity at least every other day for 30 minutes or more. About half of this number (7.5 million) are active enough to enhance their cardiovascular health. And about 4.5 million Canadians are involved in organized competitive sport as athletes, coaches or volunteers.

SPORT IN CANADA

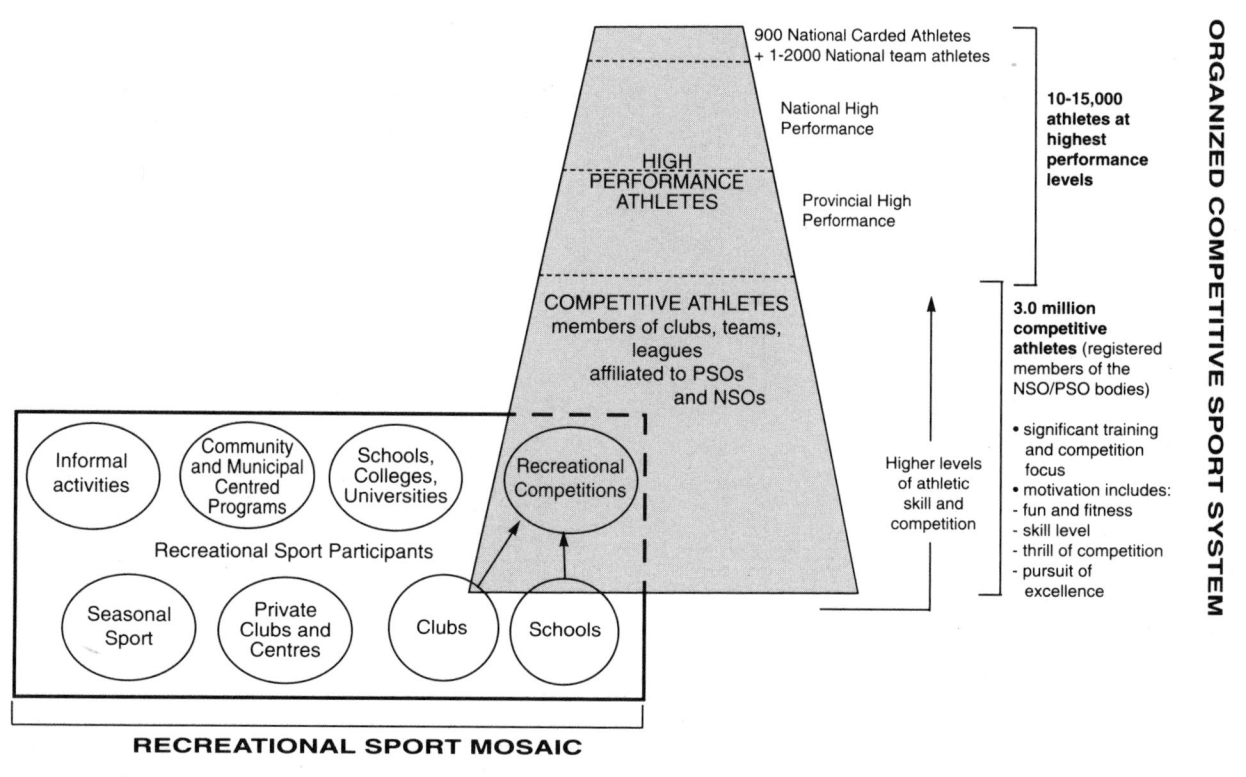

Competitive sport is an expression of our nature, our search for fun and fair play, and of our national character as we challenge the land, water, snow, ice and mountains of Canada. This part of daily life is deeply valued by Canadians.

On an individual level, sport gives us the opportunity to test and develop ourselves - physically and personally - and to pursue and achieve excellence. At the community level, sport is a basis for social interaction, community building, developing intercultural

THE SPORT COMMUNITY INFRASTRUCTURE

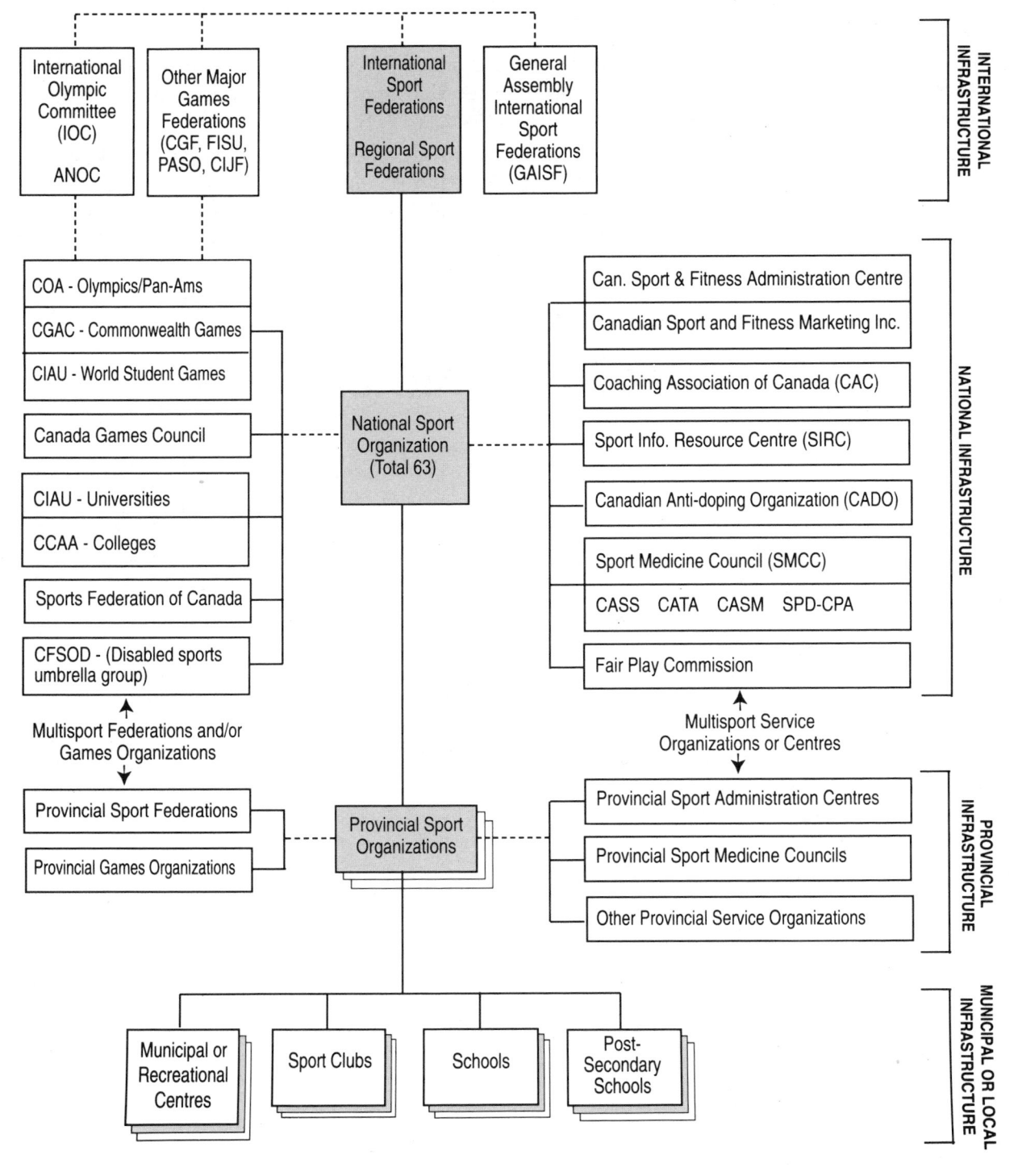

relationships and local pride. At the national level, sport plays an important role in developing feelings of national unity and pride.

Sport also helps Canadians face the reality of globalization by developing competitive skills and behaviours that are rapidly becoming essential to economic survival. As well, on the

economic side, sport is a multi-billion dollar industry providing jobs to thousands of Canadians.

For all these reasons, the Task Force concludes that sport—from recreation sport through organized competitive sport to high performance sport—must be promoted and accessible to all Canadians.

Task Force recommendations 1 to 4 prescribe steps the Fitness and Amateur Sport Branch, interested parties in the sport system and appropriate government agencies are to take to increase the understanding of Canadians of the important cultural, societal and economic contribution that sport and the sport experience make in Canada and to position it as part of national cultural policy.

Refocusing The "Excellence" Debate

In recent years, support for high performance sport versus support for recreational sport has been hotly debated in Canada. The Task Force concludes that this is a false debate that is non-productive and misleading. The real challenge is to provide a sport system where athletes would be able to rise to their level of skill, all the while enjoying the experience and to develop mass physical activity and Active Living along with sport as cultural trademarks.

On the issue of high performance sport, the Task Force concludes that Canadians have placed unrealistic expectations on high performance athletes and their sports. This is the result, it says, of our accepting a very narrow definition of success, usually winning a medal in international competition. This is reinforced by the creation of planning models in our sport organizations that place a high priority on the achievement of athletic success only by winning. In addition, Canadians often ignore athletic developments between Games and then act as armchair enthusiasts and critics of performances at world championships or the Olympics.

The Task Force says we should acknowledge and celebrate our successes, broaden our concept of success and achievements, understand and support both "being the best you can be" and "being the best" and define ways to support high performance sport and athletes between major events.

At the same time, the Task Force heard a desire for and a pride in the pursuit of excellence. Canadians are quite prepared to support winning, but not "at any cost". In short, Canadians support the pursuit of excellence using a "made in Canada" definition drawing upon Canadian values and beliefs.

PART II: TOWARD A SPORT PLAN FOR CANADA

The Task Force concludes that Canada lacks a national plan for sport. The attempt to create a common approach to Canadian sport, it says, has tended to be driven by a "top-down" federal view with little concern for the reality of where most sport happens—that is locally, regionally and provincially. But the federal government is not solely responsible for this. Others such as the national sport organizations helped to reinforce this way of doing business.

As a result, collective planning by the sport community in Canada has tended to be fragmented, control-oriented and isolationist.

While the Task Force says some attempts have been made to correct this, the work done by individual stakeholders has resulted in a number of competing visions of sport.

To develop a truly "national" plan for sport (not "federal" alone), the Task Force recommends constructing a new national planning table around which seven key stakeholder groups would sit. These include: the sport community which comprises 63 national, not-for-profit, single sport organizations and 15 or so multi-sport organizations and their

provincial affiliates; Provincial/ Territorial governments; athletes; coaches; and sport science experts; educators; and the Federal Government.

But the Task Force recognizes that not every stakeholder comes to the table on an equal footing. Therefore, it defines a number of new support mechanisms that will need to be developed to get all stakeholders up to speed.

The Task Force heard and saw many illustrations of the gaps and overlaps in policies, roles and models that are built into the Canadian approach to sport. It says they are visible vertically within single sports, horizontally across sport, geographically across regions and in public policy across and up and down government levels. Policy harmonization between federal, provincial and territorial governments is therefore critical. The harmonization process must seek input from affected groups and involve policy makers from related sectors (e. g. education). The sport community must become a full-fledged partner with governments.

In order for the planning table to be successful, the Task Force says the view of leadership must change. The hierarchical "from above" approach, it says, should be replaced by a "from among" approach - one that empowers the partners and implies shared leadership.

CONSTRUCTING A SPORT PLAN FOR CANADA

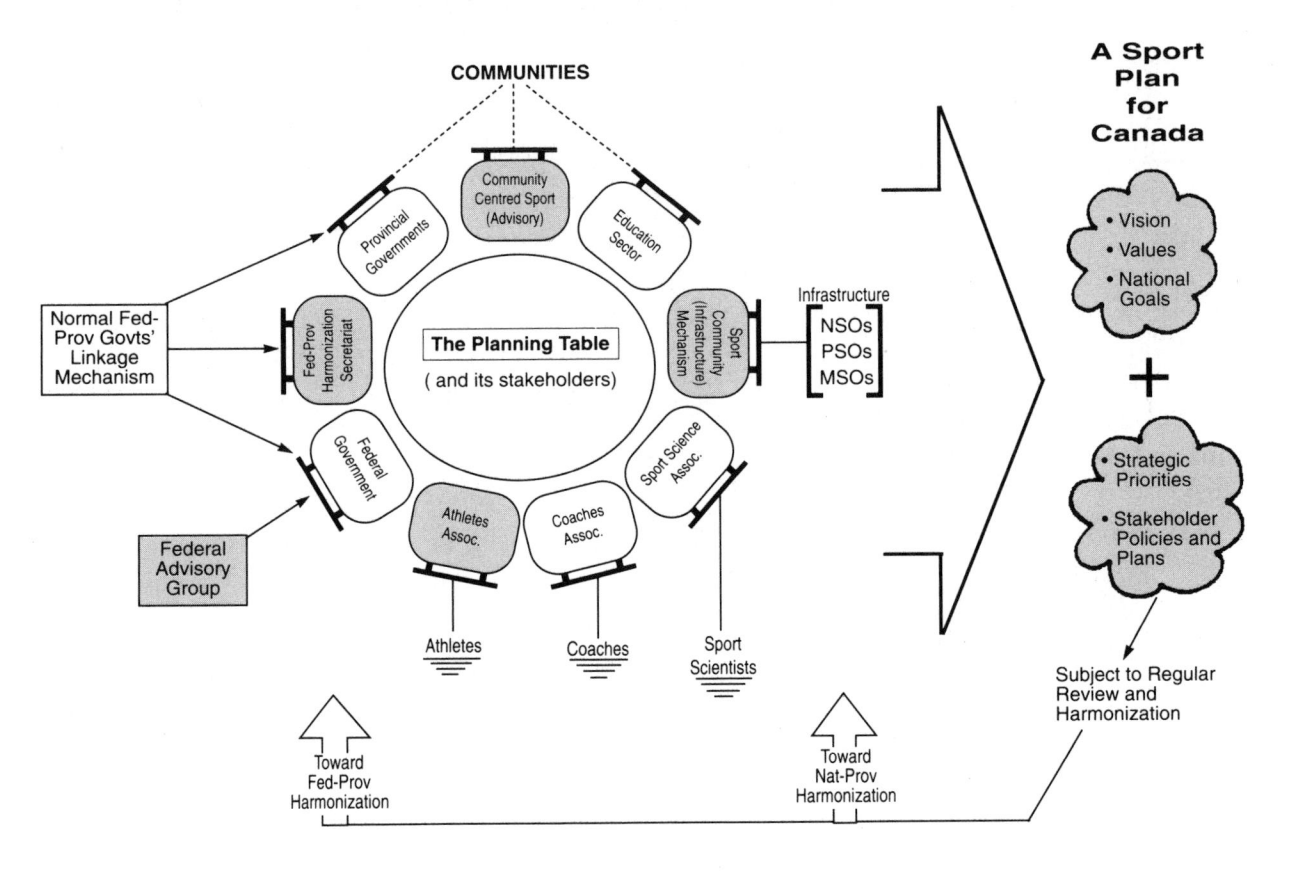

With such a collaborative and consultative approach to sport planning, the Task Force has high hopes for the future of sport in Canada. The Vision outlined at the beginning of this summary describes how the system might look—athlete-centred, community-based and more accessible in a better harmonized system where shared leadership goes hand-in-hand with clearly defined accountabilities, all of it based on essential values important to Canadians' expectations of sport.

Three types of values are identified by the Task Force: values expressed by athletes about the sport experience; values expressed by Canadians about sport; and values that Canadians expect of sport—values that must guide sport in Canada.

Athletes value sport as a personal experience, as a means of striving and testing oneself against oneself and the elements and against others.

Canadians believe that sport builds character, is a source of personal and physical development, fosters participation, encourages a healthy lifestyle, contributes to moral development, teachers fair play and develops a balanced social life.

Canadians expect our athletes to play fair; at the same time, they believe overwhelmingly that they do. Canadians also believe that sport is an important tool in instilling fairness in the young, through skilled coaching and playing within the rules of the game.

THE VALUES OF SPORT TO CANADIANS

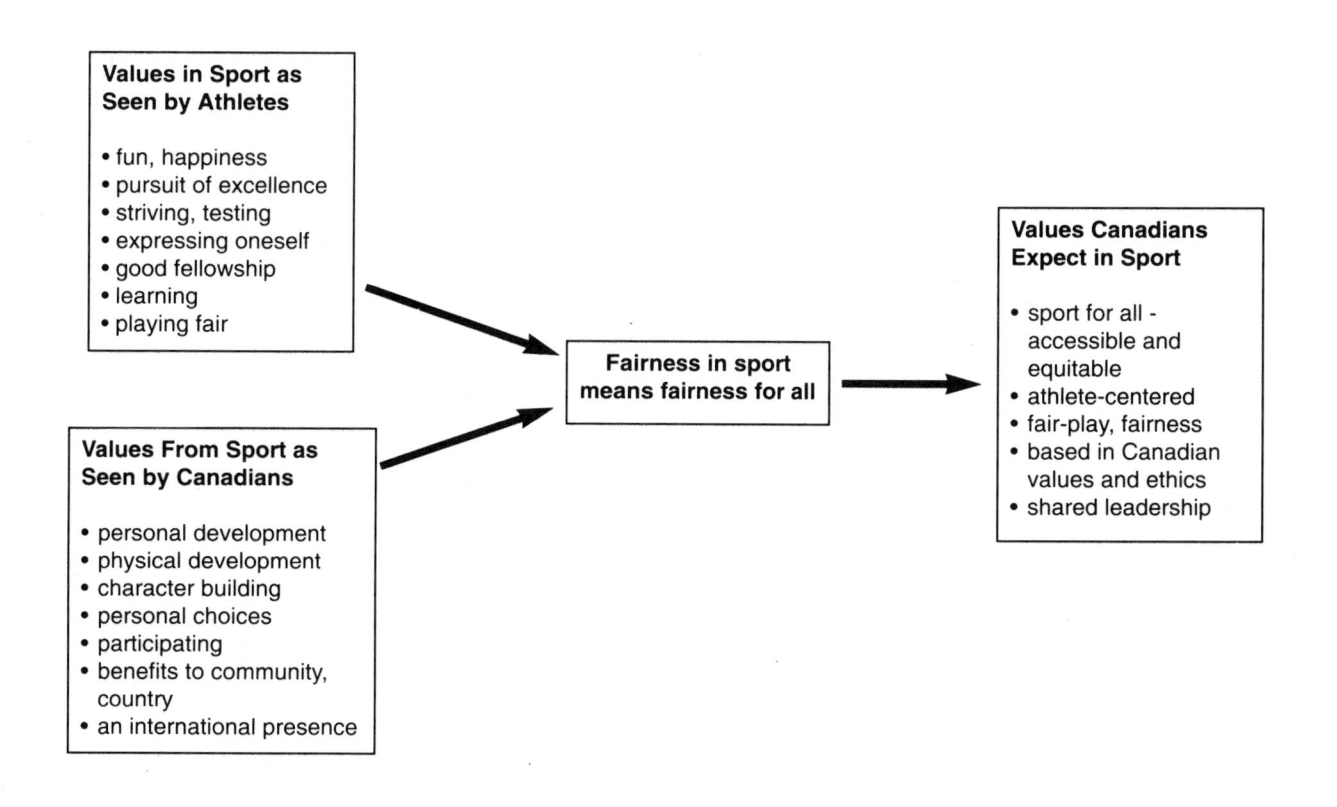

Values in Sport as Seen by Athletes

- fun, happiness
- pursuit of excellence
- striving, testing
- expressing oneself
- good fellowship
- learning
- playing fair

Values From Sport as Seen by Canadians

- personal development
- physical development
- character building
- personal choices
- participating
- benefits to community, country
- an international presence

Fairness in sport means fairness for all

Values Canadians Expect in Sport

- sport for all - accessible and equitable
- athlete-centered
- fair-play, fairness
- based in Canadian values and ethics
- shared leadership

From the consultation process, the Task Force suggests a number of themes for potential national goals. They are the key targets to reach for in building a sport plan for Canada. They include: building a stronger recognition of the importance of sport to our society; a focus on the importance of athletes and coaches; developing a sport plan for Canada which articulates the shared vision, values and national goals for sport; social responsibility and ethics; sport as excellence; promotion of sport; and the role of governments.

In recommendations 5 to 7, the Task Force outlines a number of steps to harmonize sport policies and develop a sport plan for Canada.

PART III: ATHLETES, COACHES AND THE SPORT SYSTEM

Athletes

In an athlete-centred sport system, the Task Force sees athletes and their needs as the pivotal focus. In such a system, the athletes are secure in knowing that their rights are well defined and that the system does not present them with ethical dilemmas that distort their honest quest for excellence. The system also considers their health and safety, and ensures fair and meaningful participation in all decision-making that affects the athlete.

In addition, the right to a quality sport experience, quality coaching and fair play are enshrined and respected as key characteristics of such a system. As a result, athletes are able to make thoughtful decisions on their choices, free from the pressures to win at any cost.

In an athlete-centred system, athletes have responsibilities as well as rights. These are clearly defined, mutually agreed to and consistently applied. Athletes are responsible for making choices based on sound moral and ethical values. Under this concept, athletes carry their share of responsibility for the ethical conduct of the system and for their own personal conduct and approach to their sport.

While the Task Force looked at all athletes, it paid particular attention to the needs and concerns of high performance athletes, of which there are some 10 - 15,000 in Canada. This group represents those with the highest skills, striving for national/international performance as part of the 3.0 million registered competitive athletes in Canada.

An interesting profile of today's high performance athletes emerged from a survey involving 958 carded athletes, developing and retired high performance athletes, and 116 sport officials. (The so-called "carded" athletes receive funding assistance from the federal government ranging from $150 to $650 a month after having reached a stated level of performance in national and international competition). For example, 78% were anglophones, 57% male and 59% were 24 years of age or under. Only 155 of the athletes surveyed indicated that they could survive without the financial assistance of family and friends. The survey also found that carded athletes are better educated than the average Canadian in their age group with over half enroled in educational institutions.

Through focus groups, consultations, and two major studies (on Values and Ethics and the Status of the Athlete), athletes identified three major issues. They say they lack direct involvement in the decisions that affect them and have no means of expressing their collective concerns. They want an effective arbitration system within the sport community. Finally, athletes are not satisfied with the recognition they receive from the Canadian public and the media.

The Task Force concludes that there is an urgent need for the sport system and organizations to begin a dialogue with athletes on these issues. A better balance is needed between the needs, rights and obligations of the athletes and the national sport organizations.

In short, national sport organizations and others (such as coaches) can no longer use athletes' heavy schedules and commitments as an excuse for the lack of athlete involvement in decision-making.

In recommendations 8 to 10 and consistent with an athlete-centred approach, the Task Force supports calls for the establishment of a Canadian Association of Athletes. The proposed organization would provide an independent public voice for athletes. The Task Force believes it could pursue issues on behalf of individuals and groups of athletes and provide some balance to the present situation where the sport governing bodies enjoy a monopoly over their specific sports.

The Task Force also believes that the sport organizations should, in consultation with constituent groups, establish a neutral arbitration system for the final resolution of disputes. Decisions under this process would be binding.

To ensure that sport organizations fully appreciate the importance which should be attached to the issue of athletes' rights, the Task Force recommends its embodiment in the federal government's annual funding accountability process.

Coaches And Coaching

This is a key section for the Task Force. While athletes are at the core of the sport system, no one plays a more critical role in their development than the coach. But that role is not limited to the athletic. The coach has a responsibility for the development of an athlete as a whole person and should facilitate the moral and social development as well. The coach is a mentor, an educator, often spending more time with the athlete than their own parents do.

Over the past decade, about $8 million has been spent on the design of theory and technical courses for the National Coaching Certification Program. This is a five-level education and certification program where federal/provincial/territorial governments, and national and provincial sport bodies have harmonized their approach, their policies and their funding to ensure a consistent approach to coaching education in Canada. About 513,000 coaches have attended NCCP courses.

In addition to the NCCP, a number of other important developments have taken place over the past 20 years. In 1971, for example, the Coaching Association of Canada was founded to advance the practice of coaching and coaching education. The National Coaching Institute was established in Victoria in 1986. 1986 also marked the formation of the Canadian Association of National Coaches.

Despite the tremendous progress in recent years in the advancement of coaching and coaching education in Canada, the Task Force discovered that most Canadians view the coach in quite ambiguous terms—either the coach is a high profile character with certain eccentricities, or a professional coach (who is expendable or portable), or the next-door neighbour. The role of the coach and the need for education and training is under-rated. In short, many Canadians believe coaches just happen and ignore the need for a deliberate strategy on coaching development.

To counter this, the Task Force says we need a strategy to enhance the legitimacy of the coach and promote the role of the coach as one of the most critical factors in the advancement of sport and its athletes. The Task Force says there is a need to communicate to Canadians that coaches are not born with coaching skills so they must be developed. The role and importance of the coach in society needs to be deliberately positioned in order to gain credibility for the coach and the coaching profession. This overall strategy, the Task Force says, must simultaneously address education, practical experience, recruitment, professionalization, image, legitimacy, and an economic and employment model.

While over a half million coaches have taken the NCCP courses, only about 20% of these have become fully certified. Given the heavy turnover in coaches at the first levels of coaching, the Task Force says the system is a long way from having a majority of coaches educated. With qualified coaches needed at the community level to develop entry level coaches, a vast increase in high-level coaches is needed. The Task Force suggests the NCCP explore increased corporate sponsorship and user-pay fees. Additional resources, it says, could offset current costs, provide funds for research and development and promotion of the NCCP.

The Task Force urges the professionalization of coaching. This would encompass a society of approved or accredited coaches. This would ensure the setting and enforcing of standards, thereby protecting the athletic participant and the athletic community from incompetence, both ethical and technical. This, the Task Force says, would help legitimize the role of the coach and make coaching more accepted.

Women, the Task Force found, are under-represented in the coaching ranks. They hold only 5% of all national team head coaching positions, and 18% of all national coaching staff positions. The Task Force concludes that much more must be done to recruit more women into coaching and to advance them in sport.

As mentioned before, the Task Force sees a major role for coaches on the issue of values and ethics. Coaches play a critical role in the moral development of our athletes - no one has more impact on this aspect of the athletes' life. As front-line leaders, coaches need to be conscious and vigilant in the protection of proper conduct, values and behaviour. And yet, the Task Force says, there has been little peer-group pressure exerted within the coaching profession on this important issue. More must be done, it says, to address the question of "winning at any cost" and coaches and the coaching profession are challenged to use peer debate and peer pressure to maintain integrity within coaching. In short, the Task Force says, coaching must accept some peer-group influence and policing. A new coaching "Code of Ethics" has been developed and needs to be integrated 'into the policies and behaviour of the sport system.

In recommendations 11 through 20, the Task Force outlines its prescription for the issues and challenges facing coaches.

Services In Support Of Sport

The Task Force says the coach alone is not capable of providing all the advice, expertise and services. It concludes that more focused, responsive and integrated services are needed to support the coach and the athlete in six areas: expertise in health, safety and sport medicine; sport sciences; technical development aids; education and counselling; promotion and communication; and organizational aids.

However, the Task Force recognizes that the complexity of the Canadian sport delivery system makes design of integrated support services a difficult job. In recommendations 21 through 35, the Task Force looks at ways the gap between sport research and application might be bridged; how coach and sport scientist might develop a strong partnership to use their assets to mutual benefit; and how the various disciplines might coordinate their efforts.

For example, the Task Force recommends the Sport Medicine Council of Canada develop better integrated planning with its member associations to streamline decision-making. It also suggests SMCC consider developing closer linkages with other sport science/sport medicine/sport paramedical non-member groups so that their services can be incorporated into a menu of services offered to the sport system. The Task Force recommends SMCC and Canadian Fitness and Lifestyle Research Institute examine the possibility of amalgamation for the co-ordination of research for sport and fitness. In addition, it suggests the development of an organizational aid package to be delivered by the national and provincial sport community as a support service to community sport groups.

Volunteers

The Task Force acknowledges the critical role of volunteers in the sport system. Sport relies on parents, friends and other volunteers for its delivery at the grass roots level. In a recent survey "Sports and Recreation" volunteers totalled 1.48 million, accounting for one third of all volunteers in Canada. Without volunteers, organized sport would not exist.

As sport organizations grow certain functions shift from the volunteers to full-time staff and an inevitable tension results.

In recommendations 36 to 39, the Task Force calls upon the recognized bodies and forums in sport to address formally and analytically how the relationship between volunteer and paid staff can be managed for the optimal benefit of the staff and the volunteer organization. Investment by governments in volunteering, through skills and recognition programs, is also important.

The Sport Organizations

National and provincial sport organizations are the primary agents for the delivery of organized, competitive sport in Canada. These include individual sport governing bodies for both Olympic and non-Olympic sports, major games organizations, post secondary educational organizations, other multi-sport organizations and multi-sport service agencies.

Traditionally, the Task Force says, many sport organizations have viewed other sport organizations as competitors. But, it says, the realization is growing among NSOs that they need to work more effectively as a "community". A very powerful motivator has been a desire for greater freedom and less direct government involvement in their affairs. The Task Force believes that NSOs will need to undergo a cultural transformation, moving away from their traditionally competitive, hierarchical and jurisdictional stances and moving towards a more collaborative and vision-oriented approach.

The Task Force notes that the multi-sport and multi-service organizations (MSOs) have a capacity, singular focus and technical skills that have often placed them ahead of the NSOs. Unfortunately, the Task Force says, many MSOs have to coax or cajole NSOs into using their offered services. And even when the services are purchased, the NSOs have not transferred the technology into the ongoing management of their own organization. The result has been a costly cycle of repeat buying and relearning of a technique or service for each need or issue. The Task Force suggests ways be found to increase the technology transfer from MSOs to NSOs in order to help NSOs meet the many challenges that lie ahead.

In examining the relationship between NSOs and their provincial counterparts, the PSOs, the Task Force found "we-they" turf wars are prevalent. As a result, both NSOs and PSOs have inadequate reach into the communities. Policies are not harmonized, and gaps and overlaps in support and communication are commonplace. During the consultation process, some pointed to federal and provincial government models and funding policies for this segmentation. The Task Force says harmonization is needed to reduce duplication and improve delivery. But, it says, a new approach to planning between NSOs and PSOs, which includes vertical integration and harmonization, must also be implemented.

On the technical side of sport, the Task Force learned that while this is fairly well developed by the individual sports, combined thinking has not taken place. This results in gaps and overlaps in technical services and no overall sense of a plan. The Task Force suggests that a national technical services model be developed to provide coordinated and enhanced technical services to the NSOs.

The Task Force also examined the relationship between NSOs and their respective international federations and found that historically NSOs have not approached international representation strategically. Often appointments to international federations have been made as recognition for past services or the privilege accorded an elected official. Consequently, the Task Force found that Canadians rarely achieve positions of influence on the international stage. But the Task Force says that a NSO wishing to protect and develop sport in Canada must be active at the international level because the IFs are so tone-setting on important issues such as testing for banned substances, eligibility, allocation of competitions or competitive opportunities for female athletes.

In recommendations 40 to 43, the Task Force outlines its prescription for more pro-active harmonization and partnership by and among sport organizations.

Community-centred Sport

Throughout its report, the Task Force discusses the need to harmonize national and provincial policies and to enhance vertical integration throughout the sport system. But, it says, that will not occur by force-fitting a national model down into the local level. Instead, it proposes the development of a community-based sport model which uses the many assets and resources of the community.

The Task Force is recommending the national/federal role be one of encouragement, promotion and the offering of expertise to assist, rather than one of intervention in provincial or municipal affairs.

As a result of the consultation process, the Task Force is recommending the development of a conceptual model for community-centred sport called the "Sport Development Centre". The Centre would focus on planning and support among municipalities, municipal departments, schools, colleges, and sport organizations to provide facilities and services. This would allow for the various resources to be better coordinated and give athletes and community members more choice and better services.

Such a model would focus on exposure to sports at an early age. Children would have an array of participation opportunities and basic skills development. Certified coaching would be available and retiring high performance athletes from the community would be encouraged to continue at the Centre as role models, instructors or coaches.

Each community would select sports and mini-games appropriate to its traditions, facilities and interests. Partners would undertake a facility time-sharing plan to meet the needs of different groups. The various stakeholders would develop a shared plan with mutual benefits and cost efficiencies.

National and provincial sport organizations have much to offer the community-centred model. For example, sport technology, coaching development and certification, resource materials, support services and organizational skills are all assets of the sport system. Again, the federal government and national sport organizations would only enter this forum with caution and with respect for the municipal and provincial roles.

In recommendations 44 and 45, the Task Force calls on various stakeholders to explore and study more fully the concept of community-based sport.

Sport And Education

The Task Force sees formal education as playing a key role in fostering sport. Initially, children learn basic movement education at school before progressing to increased physical activity. It is often through school sports that students learn the rules of sport and the value of teamwork and fair play. But the Task Force deplores that, in recent years, many schools have reduced the time allocated to physical education and sport.

While studies show that students involved in sports tend to get better marks, the Task Force found that sport is not taken seriously by the education system. Too often, it says, sport is perceived as an after-school activity and not as an integral part of education.

Historically, the education and sport systems have not worked collaboratively in the interest of youth in sport and the student athlete. However, where they have been tried, the Task Force says opportunities for the student athlete have been significant. (Noteworthy is the development of sport schools and provincial/inter-ministerial committees of education and sport). The Task Force notes that bridges are being strengthened between the two communities at the university and college levels through collaborative studies. Building on these models and experiences, it says studies between secondary and elementary schools and sport system representatives could provide needed information and bridging strategies.

In recommendations 46 to 48, the Task Force suggests ways in which the sport and education systems can be brought closer together. It calls, respectively, upon government sport authorities at the federal and provincial levels, and upon sport organizations at the national and provincial levels to undertake activities that will serve to facilitate beneficial exchange between the sport and education systems. The Task Force's proposed new national research agenda for sport is complementary to this.

Hosting Games

Although multi-sport events have historically attracted our attention, single sport events are increasingly prestigious. Canada, with its wealth, facilities and North American time-zone has much to offer.

In recommendation 49, the Task Force calls on the Fitness and Amateur Sport Branch to implement a new hosting policy which supports a long-term strategy of hosting significant single sport world championships and international competitions and which provides the opportunity for Canadian athletes to perform before Canadian audiences and maintains interest in non-professional sport between the major games.

Promoting The Sport Experience

Throughout its report, the Task Force discusses the significant role of sport in Canadian society. Yet, it reports, few Canadians understand non-professional sport. This lack of understanding is a problem which plagues sport and is a direct result of amateur sport's own inability to promote itself effectively.

The Task Force enumerates and debunks a number of myths which guide the promotional activities of amateur sport, calling them a major stumbling block to effective promotion. Among them is the belief that amateur sport sells itself, that it merely has to present itself and the media and the Canadian public "will come to us". However, the Task Force says the current lack of media coverage of and public understanding of amateur sport refutes this assumption.

The Task Force also expressed concern about the dominant impact of media coverage of professional sport with its heavy focus on winning, personalities, packaged appeal and commercial values, rather than on the athleticism, or technical aspects of sport and the intrinsic benefits of the sport experience.

The Task Force looks at the role of the media and suggests it can be a medium for change, rather than an agent for change. It says the sport community must become more professional in its dealings with the media, particularly in providing information about Canadian athletes participating in international competitions.

In recommendations 50 to 52, the Task Force proposes that the Canadian Sport and Fitness Marketing Corporation, in collaboration with the National Sport Organizations, develop a more pro-active and strategic plan and series of initiatives to enhance understanding of sport in Canada and to promote both the intrinsic values and benefits of sport along with its entertainment values.

International Sport

The Task Force provides an overview of the structure of international sport and its enormous influence on the domestic scene. It also looks at a number of issues which are critical to the development of sport at the international level.

It says there is a gap between developed and developing sport nations and the gap is growing. The rise of commercialism within sport has had a tremendous influence at the international level. Doping in sport, women in sport and the political changes occurring in the world today are key issues for the international sport community.

The Task Force also looked at the trend away from "amateurism" to "athlete eligibility" and the need for strategic alliances because of the growing presence of "blocs" at the IOC and IF levels.

Under the role of government, the Task Force examined the federal government's international relations program and identified five areas for action mainly aimed at getting more Canadians in positions of influence at the international level.

In recommendations 53 through to 56, the Task Force calls on the national sport organizations and the Fitness and Amateur Sport Branch to develop strategies and to take actions to increase Canada's influence on the international scene and to contribute to the resolution of important global issues affecting sport.

PART IV: SPORT AND SOCIETY

In this section of the report, the Task Force looks at some of the societal obligations of the sport community in return for their receipt of public funds, and their responsibility for the so-called public trust. It says sport organizations are legally and morally charged with this obligation. It says this public trust incorporates a variety of activities, such as carrying out the mandate of the organization, providing ethical governance, operating within Canadian values, developing Canadian youth, providing quality sport experiences and managing resources effectively.

In recommendation 57, the Task Force suggests a number of ways that sport organizations can be more effective in meeting social expectations. For example, it suggests many sport governing bodies could be more effective in carrying out their own stated mandates in promoting the broader development of some sports (and not just high performance sport). In addition, it says sport organizations must be more explicit in their values. Thirdly, the Task Force says sport must become more equitable and accessible to women and minority groups.

On the question of discrimination, the Task Force believes that subjective decisions and practices can be, and sometimes have been, discriminatory, in particular against minority groups in a specific sport. Although it was not presented with specific claims or indications of flagrant, repeated or premeditated discrimination, the Task Force suggests there is evidence of discriminatory practices in sport in the past; and there may still be some today.

Of greater concern to the Task Force is whether the sport system has built-in systemic barriers which are not discriminatory by intent, but are biased as a result of their impact. This section explores some of these barriers and the challenges they present.

Bilingualism In Sport

The provision of services to Canada's two predominant language-culture groups in the language of their choice is one of the challenges facing Canadian sport according to the Task Force. But the challenge goes well beyond the basics of providing services in both languages—to the creation of a truly national sport community where anglophones and francophones are welcome in a system which ensures equitable opportunity to participate and administrate.

Sport, it says, must learn that anglophones and francophones have different approaches to life and different tastes in leisure time and that sports have different appeals. Canadian sport has suffered the same growing pains as Canada in providing equitable service and in celebrating differences. While some say the progress has been slow, the Task Force points to progress in the form of the Bilingualism Initiatives Program of the Fitness and Amateur Sport Branch and the "tremendous efforts" of the national sport organizations.

In recommendations 58 to 62, the Task Force indicates that the key to a bilingual, bicultural Canadian sport community lies in the desire of both linguistic groups to share the sport experience. Sensitization, education and communications, it says, are essential to building bridges between the two linguistic groups. It also points out that the challenge of a bilingual, bicultural sport system, enjoyable to anglophones and francophones, belongs, not only to the federal government, but to the entire Canadian sport community.

Equity And Access

Greater equity and access for different groups of Canadians, including women, aboriginal people, Canadians with a disability, and ethnic and visible minorities must also be integrated into the policies and behaviour of the sport system.

Women in Sport

The Task Force says women are not equally represented in school sports, organized sports, coaching, officiating or in sport organizations It says this is not by choice, blaming subtle exclusion and systemic discrimination throughout the sport continuum. While the Task Force detects evidence of progress, it says the pace is unacceptably slow.

The Task Force concludes that the pace of involving and advancing girls and women across the sport continuum and in all levels of the sport organizations must be significantly accelerated in order to display fair and equitable treatment of 50% of the Canadian population. Recommendations 63 and 64 indicate steps for the Fitness and Amateur Sport Branch and the national sport organizations to undertake.

The Indigenous Community

Although sport is deeply rooted in the cultural history of Canada's indigenous people, they are not really a part of the Canadian sport system. Few indigenous Canadian youths reach national or international levels of competition.

The Task Force heard a strong voice from indigenous Canadians. They see sport as one of the long-term solutions to their problems. But they want to stay in control of sport until their youth have developed a strong sense of values.

The Task Force responded very strongly in recommendations 65 and 66, endorsing a proposal to create an Indigenous Peoples' Sport Secretariat. This secretariat would act as a national sport organization for indigenous people.

Athletes with a Disability

The Task Force found that athletes with a disability are not unanimous in their approach to achieving greater involvement in the overall sport system. Some argue for equal involvement regardless of differing skill levels or characteristics between participants. The Task Force, in recommendations 67 and 68, supports a view similar to the Canadian Charter of Rights based

on inclusion to the degree which best meets the needs of all concerned. This concept recognizes the right of athletes with a disability to be included in the sport system on the basis of equitable treatment. It assumes a variety of inclusion models designed to meet the varying skill and ability needs.

Ethnic and Visible Minority Groups

The Task Force found little data on the participation rates for ethnic and visible minority groups, but evidence suggests participation is low.

In recommendations 69 and 70, the Task Force calls for action in this area. It says federal/provincial/territorial sport ministers in consultation with appropriate provincial ministers should initiate a national strategy to promote sport access to ethnic and visible minority Canadians.

Emerging Social Trends

The Task Force says sport has many opportunities to act on emerging social trends. For example, the aging population provides innumerable opportunities for sport organizations to establish new programs and recruit new human resources, particularly for masters and seniors. In addition, the increase in the number of economically disadvantaged Canadians presents both a challenge and an opportunity that could bring benefits to the nation.

In recommendations 71 and 72, the Task Force calls on the Fitness and Amateur Sport Branch to form alliances to increase access to sport for disadvantaged Canadians and to follow demographic trends to identify emerging groups or issues where the benefit of sport could make an important contribution to society.

Ethical Conduct In Sport

Traditionally, the Task Force reports, values and ethics have been instilled in children through parenting, church and formal education. Today, however, with the realities of single families, working parents and difficult economic times, the stresses placed on family life leave less time for values and ethics development. The church's position as a teacher of ethics and morals has diminished. In schools, less time is devoted to sport and physical education and to building discipline, learning fair play and following rules. Educational budgets have decreased; class size and composition cause stress on teachers, leaving them with less energy for extracurricular sport activity. All these factors, the Task Force concludes, have combined to erode the moral development of Canadian youth at a time when this development is becoming more critical.

The Task Force says that sport is beginning to address this societal gap by accepting a leadership role in instilling values and ethics in Canadian youth.

But the Task Force noted a disturbing trend in high performance sport and professional sport - a drift away from what it calls "rules-based" ethics into something called "end-point" ethics as represented by professional sport. In "rules-based" ethics, the rules, principles and values guide behaviour by describing the right mode of conduct. In "end-point" ethics, judgements about behaviour or actions are guided less by rules, values and principles than by the desired end result of winning. This is particularly true of professional sport with entertainment and business values. The purpose is to achieve commercial goals by winning, thus meeting spectator and advertiser needs. However, the Task Force points out that this may not be the best motivator for the Canadian (non-professional) sport system.

The polling data reviewed by the Task Force indicates that Canadians are beginning to sense this drift and the population is less believing that sport can deliver on its ability to instill values and ethics in youth.

The Task Force asked the Commission for Fair Play and Sport Canada to examine the ethics of rules and conventions. Two national sport bodies (tennis and soccer) agreed to participate.

The study revealed there is no shared understanding among coaches, officials and athletes about ethically acceptable and unacceptable behaviours particularly as they relate to the conventions in the game. It found there is a tendency to shift responsibility when unacceptable behaviour occurs.

The Task Force looked at the issue of health and safety of athletes and concluded that failure to address this is, in fact, immoral behaviour. Protection of the athlete, the Task Force says, is an ethical matter, shared by athlete, coach and organization.

On the issue of violence and ethical behaviour, the Task Force does not believe that physical aggression leading to unnecessary injury is a part of the game. Avoiding this, it says, is the responsibility of the sport, its athletes, coaches and officials.

In his report, Mr. Justice Dubin noted that sport in Canada is at a "crossroads" in terms of whether or not it intends to operate from an ethical framework and whether the values that once defined sport still have meaning today. Through its various responses to the Dubin Report, the Task Force believes the federal government has picked up on that challenge. But it notes that the control philosophy inherent in the responses, particularly in the area of doping in sport, can only take us so far. It says a commitment to drug-free sport must come from within, through values and ethical behaviour of athletes, coaches, officials and sport organizations -- all derived from their own beliefs about a desired state for sport.

At its very essence, the Task Force believes that sport is about fair competition. In short, if you don't have fair sport, you don't have sport at all. The Task Force believes that sport organizations accept this principle and are aware of the implications. But the change in attitude, it suggests, won't be easy. The practices, habits of years, do not lend themselves to easy change. In fact, the Task Force says they will not change without explicit action.

The Task Force says the key to the future lies in the sport community's willingness to undertake a conscious self-examination, debate and peer review that will lead to action in this area. In recommendations 73 to 83, it suggests ways the sport community could adopt and integrate the values identified and agreed to in the consultation process.

PART V: GOVERNMENT AND SPORT

The Role Of Government

Sport is so fundamental and important that governments in most countries have been involved in sport for many years. Canadian governments (federal, provincial/territorial, and municipal) have played a significant funding, leadership and directional role in sport.

The federal government is involved in issues such as bilingualism, women in sport, high performance, major games, access, health, values and ethics and anti-doping. Federal government leadership in Canadian sport, the Task Force says, arose out of Canada's poor showing in international competitions and the low level of physical fitness among Canadians in the 1960s and 70s. As a result of targeting federal money for high performance sport, the federal government had great influence over national sport organizations.

Within their own jurisdictions, provincial/territorial governments have developed a role with many similarities to the federal role. (Note: A working agreement on respective federal and provincial/territorial roles was developed in 1985) The considerable responsibility of municipal governments for facilities development and management, as well as for recreation and community sport programming, has largely been ignored in any attempts at national sport planning.

Through the consultation process, the Task Force learned there is near unanimity in the sport community that the federal government involvement in the affairs of the sport organizations has become excessive. The time, it says, has come to redress the balance.

As noted earlier, the Task Force vision of sport includes the federal government as a full partner with the provincial, territorial and municipal governments, sport organizations, coaches, athletes and leaders collectively charting the future of Canadian sport.

The Task Force is convinced that in order to establish an integrated and cohesive sport system, federal, provincial and territorial governments must review existing policies, roles and programs and discuss new cooperative roles and responsibilities.

In a collaborative partnership proposed by the Task Force, the federal government would move away from the day-to-day influence on the operations of the sport organizations. Control and direction would give way to shared leadership, with common vision, values and goals for sport.

In order to achieve this, in part, the Task Force says, the federal government will have to restructure the Fitness and Amateur Sport Branch (recommendation 84) for a more corporate policy role in the physical activity field and a more facilitative leadership.

Federal Sport Policies And Programs

Sport Canada, a directorate of the Fitness and Amateur Sport Branch, is the principal federal government agency involved in the day-to-day operations of the sport system. It is responsible for relationships with sport organizations and with provincial and territorial sport departments.

The Task Force reviewed a number of Sport Canada policies and programs and proposes significant changes in four areas (recommendations 85 to 98) which reflect the new philosophy of partnership supported by the Task Force.

Human Resource Management

Most national sport organizations are staffed by administrative and technical professionals, who are funded in large part by Sport Canada. Sport Canada personnel also participate in their selection and evaluation. This involvement in personnel management grew from the perceived need to ensure appropriate practices and policies by the sport organizations.

However, the Task Force believes this involvement is excessive. It says Sport Canada personnel should no longer be involved in human resource management procedures of sport organizations. It believes government can ensure proper selection and other practices by establishing overall conditions to be followed for funded positions. These conditions could be monitored through the accountability framework (recommendation 85).

Quadrennial Planning Process

The Quadrennial Planning Process or QPP was introduced by Sport Canada in 1984. It is a four-year planning cycle for high performance sport development, and later for domestic sport and organizational management. It is designed to help sport organizations develop high performance programs in a systematic way.

During the consultation process, the QPP was severely criticized by the sport organizations for a variety of reasons. Many see it as a complex process which drains both staff and volunteer resources and is not worth the result.

The Task Force confirms the continued need for strategic and long-range planning, but it says the QPP is not the only model. The Task Force wants QPP to be optional and not a requirement of funding (recommendation 86).

Athlete Assistance Program

High performance athletes receive carding status which makes them eligible for direct government funding. About 850 athletes receive such assistance ranging from $150 to $650 a month. Most are carded at the "C" level, receiving $450 a month. Only a few earn income from other sources.

Athlete Assistance is not a salary or fee for services. Rather, it assists international calibre athletes with training, competition and tuition expenses.

The Task Force supports the concept of the Athlete Assistance Program (recommendation 88), but is proposing changes. It recommends the establishment of a basic, national level card at the "C" level that would also recognize athletes who win national championships and who are part of a federally supported national team program (recommendation 89). This would be used to determine the amount paid to all carded athletes. Under this system, "A" and "B" cards would be awarded to world class achievers to help cover the costs of such training and competition. Moreover, subject to agreement with interested provinces, the Task Force calls for harmonizing the provincial athlete assistance policies (recommendation 92).

The Task Force says Sport Canada needs to establish a direct consultative relationship with athletes to involve them in the decision-making process regarding the Athlete Assistance Program (recommendation 93).

The Task Force acknowledges the need to provide assistance to high performance athletes to adjust to regular life following their competition careers. It recommends a feasibility study on the creation of an athletes' foundation to assist in that transition (recommendation 94).

The Task Force notes that AAP stipends have not increased since 1985-86, while the overall budget for the program has decreased since 1987-88. It recommends increased funding for the AAP budget. The Task Force believes direct assistance to athletes should be a priority of government funding. If additional funds cannot be found, it recommends money be diverted from other parts of the sport budget for the program (recommendation 91).

The Dubin Report suggested a means test for AAP recipients. The Task Force considered means testing and rejected it on the grounds that it is not consistent with current Canadian government policy. However, it does recommend that athletes whose trust funds reach $100,000 or more should no longer be eligible for the AAP.

Sport Recognition System

In 1985, the Sport Recognition System was created to classify sports for recognition and funding purposes. Since then, the proliferation of sports has continued and demands for programs and support is increasing, all at a time when federal funds are subject to constraints.

In comments received by the Task Force, it is apparent that the Sport Recognition System is viewed as discriminatory, too narrow in focus, arbitrary and subjective in its application. The Task Force concludes that, in spite of the dissatisfaction, the need for such a program has not disappeared.

In future, says the Task Force, a New Funding Eligibility Framework should be used to decide which sports are to receive public funds and on what basis. The Framework would ultimately reduce the overall number of sports emphasized and the number of international sport programs funded. The Task Force outlines its proposals in recommendations 95 to 97.

Entry Recognition: To begin with, the government would continue to recognize and fund all 63 sports now receiving funding for an agreed upon period (five years). At the end of this grace period, any sport failing to meet established "entry" recognition criteria would cease to receive federal funding - the implication being that the federal government will be funding fewer sports in five years time.

Core Sports: Among those sports which are successful in making it onto the federal government's "entry recognition" list (i.e., continue to receive federal funding), a second set of screening criteria would be applied. These criteria would be jointly developed by federal, provincial, and territorial governments for the purpose of emphasizing a "core set of Canadian sports" (perhaps 30 to 40 maximum). Core sports would be ones chosen according to criteria that look, for example, at their historical, cultural, geographical and

developmental importance. Sports identified as "core" would be eligible for enhanced funding levels.

Assessment: All sports "recognized" for federal funding would have their base-line profile assessed and their strategic plans evaluated. On that basis, the federal government would offer sport organizations access to a financial support menu with a longer term (3 to 5 year) funding commitment.

International Programs

As noted above, the Task Force is urging federal and provincial governments to agree on a set of core sports which would receive joint and continuing emphasis in Canada. It also suggests that it is now time to reduce the number of sports which are publicly funded for their involvement in international programming. The Task Force says the federal government simply cannot afford to spread its resources for international efforts over the current range of sports (recommendation 97).

SPORT FUNDING ELIGIBILITY MODEL

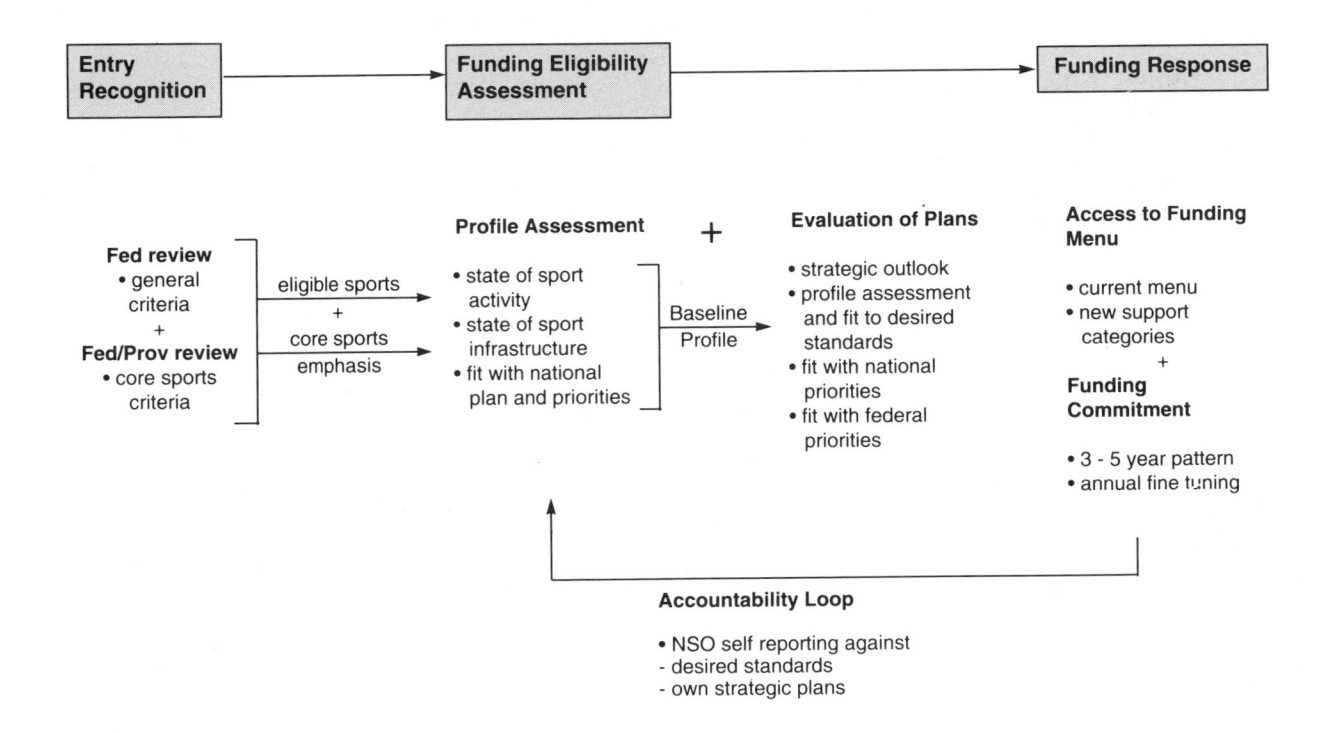

The Federal Funding Process

Annual federal expenditures on amateur sport have risen from less than $1 million in 1961 to about $58 million in 1991. However, between 1988 and the present, there has been **decreasing** funding in both actual and constant dollars. This trend, the Task Force says, coincides with the growing fiscal restraint pattern in all aspects of federal government funding.

Federal funding is a vital part of the resource base of national sport organizations. Indeed, in 1989, NSOs received an average of 70% of their funding from the federal government (almost exclusively through Fitness and Amateur Sport).

But during the consultation process, the Task Force heard detailed criticism of the funding process. The NSOs complained of delays in funding decisions, a lack of a long-term perspective of funding and too great and too frequent reporting requirements. While it is normal to impose terms and conditions for government contributions, the Task Force concludes that procedures imposed on sport organizations are excessive.

In recommendations 99 through 104, the Task Force recommends the Fitness and Amateur Sport Branch continue funding national sport organizations through contributions and introduce a 3-5 year funding framework for sport. In addition, it recommends the Branch undertake a complete review of current accounting requirements to simplify and reduce the level of paperwork.

DISTRIBUTION OF FUNDS AMONG CORE FAS PROGRAMS

TOTAL FUNDING 1961-1991
$950 221 000

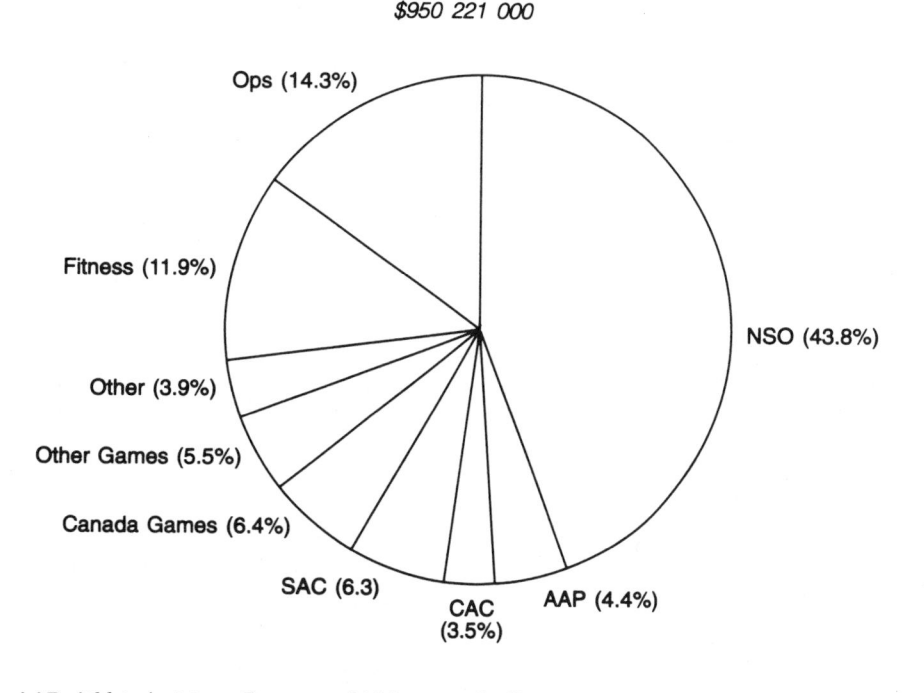

AAP - Athlete Assistance Program, which began as the Grants-in-Aid
     to Student-athletes Program
CAC - Coaching Association of Canada
SAC - Canadian Sport and Fitness Administration Centre, originally
     the National Sport and Recreation Centre (NSRC)

PART VI: CHANGES AND CHANGING

The Task Force identifies national sport organizations and provincial sport organizations as the axis for delivery of organized competitive sport in Canada. In future, says the Task Force 'delivery' should be but one of several key responsibilities for national and provincial sport bodies.

Assuming and demonstrating clear accountability for a broader range of responsibilities would give the sport community the opportunity to transform fundamentally its relationship with government - from that of client to partner.

The Task Force sees the transformation of the sport community's relationship with government as an evolutionary process to be assisted by new strategies in three key areas: accountability, economic planning and leadership.

It says the role of the Minister of Fitness and Amateur Sport, as the political voice of sport, the link between sport, parliament and the Canadian people and as the champion of change, will be critical. In addition, the Task Force says some of the changes being proposed will place the sport organizations and this government branch on the leading edge of organizational changes expected in Canada during the 90s. Should the Minister proceed, it recommends the federal government recognize the degree and nature of the change involved and provide a significant level of support, funding and patience for this important transformation.

A New Accountability Framework

As a result of the Dubin Inquiry, society's image and expectations of sport have changed. The Canadian public now expect sport organizations to act responsibly and model the values and moral and ethical conduct which should be communicated through the experience of sport. For the Task Force, the principle of "public trust" is fundamental to the notion of accountability.

Explicit privileges - including special tax status and dedicated annual funding - have been bestowed on national sport bodies (some 80 single sport and multi-sport organizations). In exchange for these privileges, the Task Force recommends a new, broader accountability framework. It details to whom and for what the major partners in sport should be accountable. But it says this new approach should address not only an accounting for dollars, but incorporate a broader sense of responsibility for the public trust.

Asking national sport bodies to adopt a broader understanding of what it means to be "accountable" in sport is an important part of the Task Force's eligibility framework. In future, national sport organizations, which have become increasingly pre-occupied with internal management functioning, must look outwards. The Task Force says they must refocus clearly on the needs of athletes and members. They must fully recognize their responsibility as stewards of the public trust. And, they must demonstrate appropriate accountability to those who fund them—the federal government and other funding sources.

The Task Force wants to replace the old narrow concept of accountability—the one that focused almost exclusively on the degree to which high performance success is achieved (and as prompted by federal funding expectations). Instead, it wants accountability measured with a more balanced yardstick.

The new yardstick would look at progress made in working within a national (not just federal) plan for sport and towards better "top-down" and "bottom-up" (vertical) national/provincial harmonization. Progress made in responding to societal expectations (e.g. safety and health, equity and access, ethical and moral considerations) would also be factored in. The Task Force's proposed new Sport Funding Eligibility program would be used to assess progress in these new areas as a basis for federal funding decisions. In the longer term, the Task Force would like to see national sport organizations incorporate this type of accountability framework into strategic plans and self-evaluation processes.

As a step towards federal implementation, the Task Force wants the federal government, through the Minister of State for Fitness and Amateur Sport, to articulate clearly the basic values that underlie its involvement as a public funding agent of sport. This "statement of intent" would also include an indication of the specific ways in which the government plans to conduct its affairs and make funding decisions. Developing such a statement is critical for the federal government's own accountability—to the sport community, Parliament and the public at large.

ACCOUNTABILITY FRAMEWORK
"A PUBLIC TRUST"

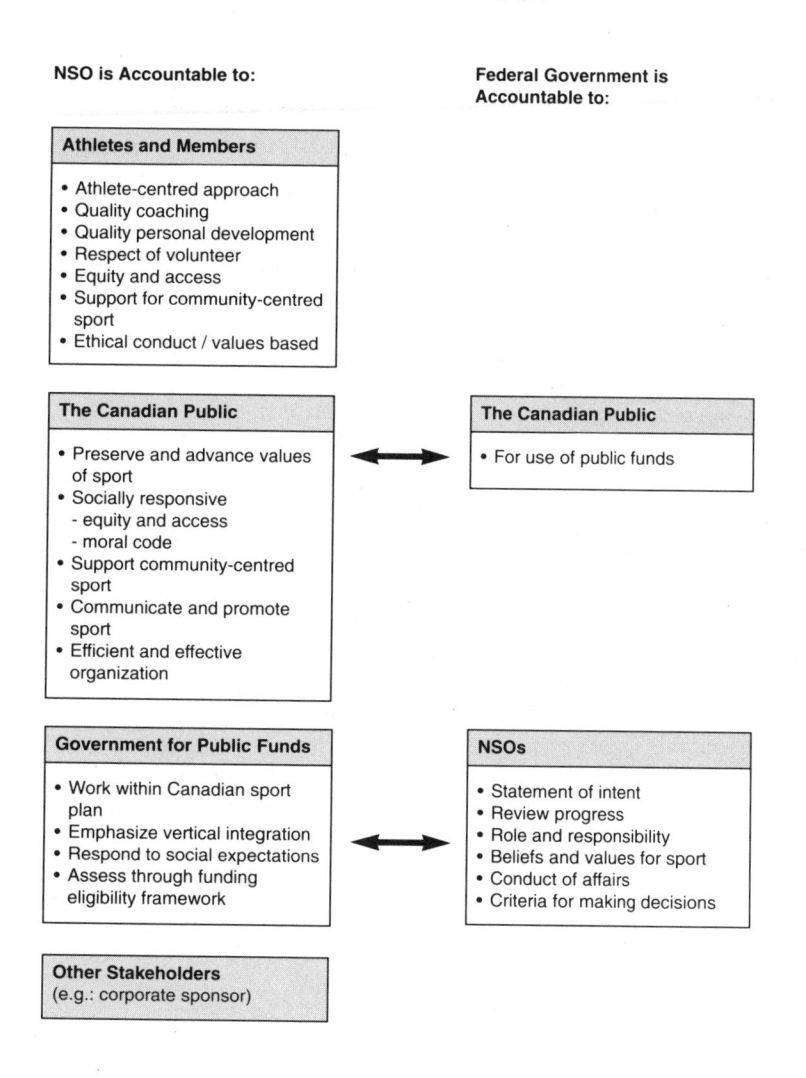

NSO is Accountable to:

Federal Government is Accountable to:

Athletes and Members

- Athlete-centred approach
- Quality coaching
- Quality personal development
- Respect of volunteer
- Equity and access
- Support for community-centred sport
- Ethical conduct / values based

The Canadian Public

- Preserve and advance values of sport
- Socially responsive
  - equity and access
  - moral code
- Support community-centred sport
- Communicate and promote sport
- Efficient and effective organization

The Canadian Public

- For use of public funds

Government for Public Funds

- Work within Canadian sport plan
- Emphasize vertical integration
- Respond to social expectations
- Assess through funding eligibility framework

NSOs

- Statement of intent
- Review progress
- Role and responsibility
- Beliefs and values for sport
- Conduct of affairs
- Criteria for making decisions

Other Stakeholders
(e.g.: corporate sponsor)

Overall, this new accountability framework will not come about easily or quickly. Recognizing this, the Task Force suggests a transition strategy that builds in gradual, but inevitable, phasing-in of various new approaches to replace the current ones. Ongoing client consultation on progress is seen as an important element of the strategy. In recommendations 105 to 108, the Task Force spells out the actions various partners are to take to achieve this new accountability framework.

	Phase Out	Phase In
1.	focus on accounting	focus on accountability
2.	federal government-driven accountability	NSO-driven accountability
3.	accountability predominantly to federal government	accountability to members, the public and other stakeholders
4.	financial contributions driving accountability	sense of public trust, responsibility for mandate and responsiveness to members
5.	dependency on government direction due to dependency on federal funds	partnership with government, shared leadership and shared responsibility for overall conduct of sport
6.	view that addressing social responsibility is an afterthought with government pressure as the motivation	address societal expectation as an integral part of the sport organization mandate and as part of the public trust held by the organization—a new "social contract"
7.	contract compliance	shared responsibility and self-assessment
8.	Quadrennial Planning Process as the only model	self-planning based on good planning principles and experience, and on time scales that fit the nature of the sport
9.	reporting to the federal government according to federal planning model	reporting out to all stakeholders and self-reporting to federal government against organizational goals
10.	federal approach for accountability based on QPP, Sport Recognition System and high-performance athletic success	federal approach based on assessment of total sport profile, individual goal-setting across profile, recognition for relative progress, use of new SFE model

Seeking A New Economic Model

Sport has a tremendous economic impact, reaching into every community, every government tax base, many industrial sectors and directly into the homes of 8 to 10 million Canadians. It is estimated that sport-related expenditures total about $16.2 billion annually!

The Task Force looks at the sport economy in Canada, pointing out that it is really a composite of six different economies, operating with only modest linkages.

At a time of government restraint and scarce resources, the Task Force suggests the sport system examine ways to reduce the dependence on increased government funding. To do this, sport must find new and creative sources of funding and the Task Force outlines several possibilities to consider. For example, it says, the concept of a "community-centred" sport delivery system with the development of centralized services for multiple sport users could provide economies of scale and more services at less cost per service. In addition, the Task Force suggests a labour market is emerging for instructors, coaches and sport program planners. As well, the Task Force says examining levels of user-pay fees and membership fees within a single-sport model can help rationalize the increased cost of services at higher competitive skill levels.

It says the ability of sport system delivery system to expand its resource base depends on whether services provided are participant-centred, market-driven, understood as a value and service to society, and planned with short-and long-term investment in mind.

In recommendations 109 to 112, the Task Force calls on the Fitness and Amateur Sport Branch and other stakeholders to begin work on an enhanced economic model for sport based on the principles noted above.

Leaders And Leadership

As noted earlier in the report, leadership in the sport community traditionally has been spearheaded by governments, particularly the federal government. This has resulted in a dependency and a leadership vacuum in the sport community. The Task Force says skilful management on the technical or administrative side by sport organizations has not translated into a commitment to meeting the broader societal expectations raised in the report. It concludes there is a lack of leadership—leadership by individuals, by organizations, by the sport community as a whole.

The Task Force says the sport community needs to invest in leaders—people who prize the values of Canadian society and of sport, people with technical program expertise and people with skill in seeing issues from a public policy perspective.

To help sport define and reach its new future, the Task Force believes shared leadership by individuals, by organizations, by government and by the sport community as a whole will be needed.

It says consensus-building and process-based leadership is essential. Leaders in touch with members and constituents, the Task Force says, provide leadership in support of a larger common good. In short, leaders address values issues with the same passion that they analyze budget deficits.

The Task Force suggests the establishment of a Leadership Institute to aid in the development of leaders and leadership. The Task Force is quick to point out that this is not a proposal for a bricks and mortar centre nor a new university. Instead, it would be an organizational shell that would provide opportunities for exchanges among leaders, secondments, apprenticeships and research.

In recommendations 113 to 115, the Task Force offers advice to the sport community and the federal government on how to redefine and redevelop their respective roles in shared leadership in the sport system.

WHY THE FEDERAL GOVERNMENT SHOULD BE INVOLVED IN SPORT

In addition to its belief that sport should be supported simply for what it is, the Task Force says sport can provide important and compelling benefits to the country at this time.

The Task Force offers a number of important examples. Sport, it says, is a way of developing a healthy competitive attitude among our youth as they prepare for the challenges of a global economy. Sport also assists in the developmental process by increasing awareness of oneself and the learning experience, while providing training in human relations, team building and leadership. In addition, sport offers a set of values to live by and challenges us to examine and learn from the value dilemmas it presents.

At a time when Canadians are searching for common ground, the Task Force says sport offers a common language, a relevance to our daily lives and a pride in who we are and what we collectively accomplish. Sport, in short, provides a cultural glue for Canada.

Sport is a way of portraying ourselves to the world. When Canadians compete at international sporting events, displaying values of perseverance, strength and fairness, the depth and strength of the Canadian character is revealed to the world.

In an era of erosion of traditional values, the Task Force says, sport can instill and strengthen values and ethics in youth.

As suggested earlier, sport offers a reasonably low cost means of fairly and widely distributing society's benefits and thus providing a means to address some of Canada's social ills.

Based on its belief that federal support will yield vast benefits for Canada, the Task Force recommends (in recommendation 116) that the federal government continue to provide a substantial commitment to sport over the long term.

THE FINAL RECOMMENDATION

Throughout its report, the Task Force has repeatedly drawn attention to the need for a revitalized and refocused sport system in Canada and has provided a host of recommendations and suggestions impacting on virtually every stakeholder. It suggests an evolving federal role - a shift from a directive and dominant presence to a more harmonized system based on shared leadership with the national sport community and other governments.

As these changes take place and are implemented, the Task Force recommends the federal government phase out of the majority of its accountability expectations for the use of federal funds, retaining only the most essential elements necessary to protect the public good. It goes on to say that this evolution should dramatically reduce federal administrative requirements to a negligible level, leaving the sport community's own conscience, checkpoints and self-management. In addition, the Task Force recommends the federal government and the national sport community work to bring this about within ten years.

In this final recommendation, the Task Force is not suggesting the federal government reduce its support for sport, but rather that the federal role change and evolve as sport matures in Canada.

Key Themes And Actions

1. *Place of sport in society*
2. *Athlete-Centred*
3. *The future for coaching*
4. *The Sport Organizations*
5. *Planning for sport*
6. *The Sport Development Path*
7. *Advancing Sport*
8. *Fairness and Ethics in Sport*
9. *Changes in the role of government*

KEY THEMES AND ACTIONS

Theme - Place of Sport in Society

Sport is a personal experience - whether as recreation or as the pursuit of excellence, but it is also part of who we are as a people - part of our cultural make-up.

The Future

Sport will be recognized and accepted as an integral part of our culture, promoted for its intrinsic values to the country. The profiling of sport will be concerned with its values and ethics as well as the athleticism and thrill of competition.

Recommended Actions

1.   The Task Force recommends sport be positioned as part of Canadian cultural policy in federal and provincial governments and as part of a larger "physical activity culture"(3). It calls for support of school-based sport and community-centred sport as cultural building blocks of our communities (3). It asks the federal government to reaffirm its commitment to sport (108, 116).

2.   The Task Force recommends support for the pursuit of excellence and calls for a broadened view and acknowledgement of achievement and excellence in the high performance sport movement (Chapter 3, 50, 51, 95).

3.   The Task Force calls for the development of a Sport Plan for Canada based on a national vision, rooted in Canadian values and expressing shared goals for all Canadians (Chapters 4, 6). It also recommends that the role of the federal government in promoting fitness and Active Living be affirmed (4) and that closer links be drawn between sport and fitness planning and research (page 188, 28, 33, 48).

4.   The Task Force recommends support for strategies to increase spectator following, to enhance media reporting; and to raise the profile of (amateur) sport in Canada as a key element of our sport culture (50, 51). It also calls for the development and implementation of strategies to offset the dominant impact on Canadian views of sport by the media coverage of US and Canadian professional Sport (51).

5.   The Task Force recommends assistance for community sport groups with promotion and communications aides (34). It also wants NSOs to build their capacity to market their sports' intrinsic and entertainment values better (50, 51).

NOTE: The numbers in brackets ( ) refer to the Report's recommendation number, unless indicated as a chapter or page.

Theme - Athlete-Centred

Athletes should be at the centre of planning, systems development and programming of sport.

The Future

Sport organizations, governments and program planners in a fair, moral and accessible sport system will recognize athlete rights, invest in their development and consult on changes that affect them.

Recommended Actions

1. The Task Force calls for a refocusing on a truly athlete-centred approach to sport (Chapter 6), a demonstrated commitment to athletes' rights and the establishment of a neutral appeal procedure (8, 10). The Task Force supports the establishment of a Canadian Association of Athletes (9) and calls for the establishment of a direct consultative process for High Performance athletes with the federal government (93) and revisions to the current athlete agreements (87). It also wants NSOs to be accountable for the athlete-centred approach and athletes involved in the decision-making process (105).

2. The Task Force calls for a priority to be placed on athlete health, safety and reducing injuries (74,78) and protection from abuse at all levels of sport (Chapters 17, 19). It also calls for support for the development of multi-sport training centres to create an optimal environment for sport excellence. It also calls for improved supportive linkages between school sport and sport organizations (46,47).

3. The Task Force urges opportunities for full participation in the sport system of all interested female athletes be increased (63, 64). It says support services (including sport medicine, technical aids, counselling, health and safety) to athletes at all levels be increased, particularly in their own community-based full serviced "sport development centres" (44).

4. The Task Force recommends increased financial support to high performance carded athletes (91) and further progress on helping these athletes adjust after their competitive careers (93) and exploration of an athlete foundation (94). It calls for "C" cards to become the "national team" card, granted as well to athletes who win national championships and who are on federally supported team programs (89).

5. The Task Force recommends the issues of moral conduct and ethical dilemmas identified by athletes be addressed, noting the responsibility of the sport community to provide leadership that models moral behaviour (76, 77). It also notes that athletes have a responsibility for fair sport.

6. The Task Force recommends increased opportunities for High Performance athletes to perform before Canadian audiences (49, 50). In addition, it calls for increased and professionalized publicity of High Performance athletes to increase recognition of their contribution (49, 50, 51).

Theme - The Future for Coaching

The coach is second only to the athlete in importance - the strengthening of coaching and the professionalization and promotion of the coach will be critical to the successful development of Canadian sport.

The Future

The coach will be recognized as key to the future of sport and the quality of the sport experience for the athlete. There will be a professionalised coaching profession in sport offering certification, a career path and employment. The coaches will accept and act on their moral responsibility for ethical conduct and for instilling values in sport. The practice of coaching will enjoy improved support services including closer applied links with sport sciences and research.

Recommended Actions

1. The Task Force recommends all parties adopt the priorities of the 1990 National Coaching Conference (11).

2. The Task Force recommends a "professionalization plan" for coaches be launched (15). It also calls for the development of an employment strategy and an economic support model for coaches (18, 19) and the development of a plan to recruit retiring athletes into coaching (17) and increase opportunities for women coaches (16).

3. The Task Force calls on all partners to adopt the coaching code of ethics and integrate it into sport practice (12).

4. The Task Force recommends increased requirements for the use of certified coaches (13b).

5. The Task Force asks the coaching profession and Technical Council to examine the issue of 'winning at any cost' and deal with approaches that threaten the integrity of sport (20).

6. The Task Force recommends increased ties with sport sciences, and foreign exchange of sport sciences, better support services to the athlete/coach and urges research be designed that is more closely linked to coaching needs (29, 30, 21, 23).

7. The Task Force calls upon the CAC, SMCC and SIRC to jointly develop a prototype of a national technical services model (43).

8. The Task Force recommends a coaching development strategy be incorporated in pilots of community-centred sport (14).

Theme - The Sport Organizations

The national and provincial sport organizations are the key axis for the delivery of sport policy and programs. They need to become more autonomous of government in their day-to-day operations while still being responsible and accountable to athletes and other partners in the sport system for their decisions and actions.

The Future

The Sport Organizations will progressively assume responsibility for most aspects of sport system delivery and will provide an improved athlete-centred environment for their members.

Recommended Actions

1. The Task Force calls on sport organizations to institute joint planning processes and action plans to develop shared visions, goals and plans for an integrated athlete-centred sport system based on a values and ethics approach (40 and several others).

2. The Task Force recommends Fitness and Amateur Sport assist NSOs and MSOs to develop and implement leadership programs for volunteers in sport to enhance their ability to play a vital and constructive role in constructing a sport plan for Canada (38, 113).

3. The Task Force calls for the development of a collective mechanism to represent the sport community generally and at the national planning table (114) and a sport based advisory group to provide input to federal sport policy (5).

4. The Task Force requests governments to significantly alter their administrative interventions and demands on sport organizations and to increase funding flexibility (100, 101, 102, 103, 106) and to develop a mature partnership with the sport community (84, 115).

5. The Task Force recommends the federal and provincial funding and policy context be rationalized to aid in sport organization planning (41). It also recommends a broadened accountability emphasis by sport organizations to include athletes/members and the public trust (106).

6. The Task Force urges the examination of new economic strategy and models for sport and sport organizations (110).

7. The Task Force calls for increased leadership, representation and advocacy by sport bodies in global sport (53, 54).

8. The Task Force calls for improved integration and technology transfer from multi-sport service organizations to NSOs (42) and the initiation of a coordinated technical services mechanism (43).

Theme - Planning for Sport

We need an integrated Sport Plan for Canada.

The Future

The Canadian Sport Plan would be guided by a shared vision, rooted in essential sport values, inspired by agreed national goals, and with all stakeholders at a national planning table in partnership and accountable for the public trust they hold.

Recommended Actions

1. The Task Force calls for the creation of a new national planning process/table of key stakeholders to develop a Sport Plan for Canada (6a). This planning would be focused on a shared vision, essential values and national goals (6b).

2. The Task Force recommends the establishment of an immediate plan and mechanism to harmonize Federal and Provincial sport policies and approaches (7, 41) and to address the concept of joint federal-provincial emphasis on a set of "core" Canadian sports (96).

3. A number of new mechanisms are recommended to support and feed into the planning process. For example, the Task Force calls for the establishment and use of a new federal advisory group of experts to assist in federal policy development (5). In addition, the Sport Community is called upon to establish a mechanism for collective leadership and representation (114). The Sport Plan would rely on inputs from many sources, including a series of planning conferences focused on bringing the education and the sport system together (46), and would look to convening a process to examine coordinated community-based planning models (44).

4. The Task Force supports the immediate establishment of a Canadian Association of Athletes (9) and the creation of an independent indigenous peoples Sport Secretariat (65).

5. The Task Force calls for the establishment of a new federal "sport funding eligibility" approach for planning and assessing federal funding to sports (95, 97).

6. The Task Force asks multisport service organizations to develop a collective plan and strategy to enhance their service uptake and integration (42), and calls for a prototype approach to offer coordinated technical service planning to sports (43).

Theme - The Sport Development Path

Athletes progressing through a sport development path are hampered by gaps, barriers, incomplete and non-serviced sections of the sport continuum and sport system, from entry to high performance.

The Future

The sport continuum and sport system will be complete, serviced and athlete progression will be seamless. From the fully developed community-based sport system, where schools and sport organizations cooperate, through a range of sport services available at all levels, an athlete will progress to his/her level of choice without policy barriers or gaps intruding.

Recommended Actions

1. The Task Force recommends funding policies, sport models and programs be harmonized between federal and provincial governments (41). It further recommends improvements in the vertical integration of NSO/PSO organizations to fill gaps seen from a athlete perspective (40).

2. The Task Force calls for the harmonization of sport development from community to high performance sport (44). It further recommends the stakeholders explore community-based and cost-effective sport planning models that pool facilities and resources to provide positive, varied, accessible and barrier-free sport experiences at the community level (44). It recommends piloting of community sport development centre projects with interested stakeholders (45).

3. The Task Force recommends improved delivery of coordinated support services (21) and sport sciences across all levels of the sport development path (23, 24, 25)

4. The Task Force recommends building bridges between sport and education, between schools and clubs, to benefit both sport and education results (46, 47, 48).

5. The Task Force calls for the removal of barriers to entry to the development path, from entry to high performance (sport-for-all, equity and access), by increasing sport activity in education and eliminating discriminatory practices in sport organizations (44, 63-69).

Theme - Advancing Sport

The advancement, leadership, technical development and international positioning of (non-professional) sport requires changes and adjustments to technical infrastructure and bridging mechanisms, design of services and support service strategy and leadership development.

Desired Future

Sport will be advanced through a coordinated technical infrastructure (sport sciences, medicine, research, coaching etc.), a reorganized support services strategy and delivery at all levels and an emphasis on quality, service relevance and practical application. It will also be advanced by leadership development and by hosting world level events.

Recommended Actions

1. The Task Force recommends investing in a strong leadership development model for sport leaders to cover functional leadership (technical, organizational and policy), skills in consultation and collaboration, and leadership from a strategic position and recommends consideration of a leadership institute for sport (not bricks and mortar but a program shell). (113)

2. The Task Force recommends beginning, in consultation with the appropriate partners, the comprehensive reorganization of support services to coaches and athletes (to include health, safety and sport medicine; sport sciences; technical development aids; education and counselling; promotion; and organizational aids) (21).

3. The Task Force calls for the development of closer relationships between sport sciences and coaching in developing excellence in applied research and support services with an emphasis on relevance and application (29).

4. The Task Force recommends increased coordination among sport medicine, sciences and sport organizations to improve development and delivery of service (23, 24, 25). It also calls for the development, with SMCC and other stakeholders, of an action plan to implement the ten national priorities for sport medicine and sport sciences (24).

5. The Task Force asks the Sport Medicine Council to work with others to increase services to athletes at other levels and to develop a provincial network (26).

6. The Task Force recommends bridging the gap between sport and education to advance sharing of knowledge, delivery of technical aids and knowledge to more levels in the sport system and to improve the ability of athletes to move easily between the two systems (46, 47, 48).

7. The Task Force calls for a new hosting policy designed to support a strategy of hosting single sport world championships and international competitions to provide high level competitive and performance opportunities for Canadian athletes in Canada and increase awareness of Canada's position in international sport (49)

Theme - Fairness and Ethics in Sport

The pace of change for minority and marginalized group access to sport and equitable opportunities should be increased. Athletes must be assured of a morally sound and safe sport environment.

The Future

In an open system that is values-based, all Canadians will enjoy the sport experience of their choice. Althletes' rights will be recognized and protected and their safety will be a priority. The sport community will monitor and uphold ethical conduct in sport and its administration. Sport will be 'fair' on and off the field, in its conduct and its administration.

Recommended Actions

1. The Task Force recommends significantly increasing the pace of the advancement of women in sport, implementation of existing policies and assigning funds to developing support programs (63). It calls for the creation of an indigenous peoples Sport Secretariat (65). The Task Force also urges Fitness and Amateur Sport to convene a conference and consultation on equity and access for persons with a disability in mainstream sports (68). In addition, the Task Force recommends the initiation of a national strategy to promote sport access and equity for ethnic and visible minority Canadians (69).

2. The Task Force calls for NSOs to provide administrative and communications services and national team selection criteria in both official languages, to concurrently distribute bilingual information needed for equitable participation and involvement in decision-making and for Fitness and Amateur Sport to work with interested provinces to enhance bilingual services across sport where the need exists. (58, 59, 60, 61, 62).

3. The Task Force recommends the creation of a neutral arbitration process for athletes to resolve issues and recognizes athletes' rights to representation (8, 9, 10).

4. The Task Force recommends an increased priority for athlete safety, in particular reduction of injuries and violence, as well as vigilance and action in protection of athletes from abuse and harassment, and this responsibility be assumed by sport organizations, coaches and officials (64, 78, 79).

5. The Task Force recommends increased emphasis on fair play, reducing gaps between rules and conventions, and leading sport fairly and ethically (77, 79, 80, 82). It says responsibility for monitoring the drift of elite sport away from sport values towards more commercial values is shared by the sport community (76). It also recommends (57) that accountability for the use of public funds by funded sport organizations be based on meeting legal and moral obligations, national goals for sport, their own values and plans and a portion of the social responsibility agenda.

6. The Task Force calls on the Canadian Olympic Association to assist by utilizing the Olympic philosophy and values to help promote ethical and fair sport, on and off the field, and in the school system (82, 83).

7. The Task Force urges Canada to continue its recently enhanced efforts to fight drugs in sport in Canada and globally (75, 78c, 80b).

Theme - Changes in the Role of Government

There should be significant changes in the way the federal government relates to the sport community and other government partners.

The Future

Government's role in the sport system will be based on co-operation, shared leadership and responsibility and partnership among the stakeholders. Administrative intervention and paper burden will be reduced and will move toward negligible levels. Funding will be more flexible and strategically oriented, and appropriate accountability will be in place among the stakeholders and to the Canadian public.

Recommended Actions

1. The Task Force recommends the Fitness and Amateur Sport Branch be restructured and refocused (84). This would confirm the continuing interest and involvement of government as a partner in sport, and recognize and position sport as an important part of Canadian culture and cultural policy. It would also initiate change away from a control/directive orientation to partnership, shared leadership and cooperation with other stakeholders (115).

2. The Task Force calls for immediate changes in the following policies and programs: Human Resource Management (85); Quadrennial Planning Process (86); and the Athlete Assistance Program (88, 89, 90, 91, 93). It also recommends simplified accounting procedures, improved computerization, a reduced number of funding blocks and broadened definitions of remaining blocks, implementation of a more transparent decision-making process, and provision of a review process for funding decisions (100, 101, 102, 103). It also calls for transfer of all or part of certain federal programs outside of government (Fair Play (81), Sport Sciences (27), Technical Services (43)).

3. The Task Force recommends the development and implementation of a new national planning table (6).

4. The Task Force recommends the development of the new Sport Funding Eligibility Framework and the phase out of the Sport Recognition System with a move to a set of core Canadian sports and a reduced list of funded international competitive sports (95, 96, 97).

5. The Task Force recommends the federal government initiate action with provincial/territorial governments to develop greater harmonization of federal/provincial/territorial policies and programs (6, 7). It also calls for discussions to be undertaken with federal/provincial/territorial departments responsible for culture to establish sport as a major component of Canadian cultural policy (1, 3).

6. The Task Force calls on the federal government to reaffirm its continued support for high performance sport (Chapter 21).

7. The Task Force recommends the implementation of a new accountability regime to govern the use of federal funds and an outline of government reciprocal accountability to sport (105, 107, 108).

8. The Task Force recommends the federal government develop an improved data base to assist sport planning (1, 2) and a national advisory group of experts to assist federal policy development (5).

Themes and Benefits for the Stakeholders in Canadian Sport

Summarized in the following charts, one for each of the key stakeholders, are the themes we followed, the changes proposed and the benefits intended. The key stakeholders are Canada, athletes, coaches, sport organizations, the education sector, provinces and territories, and Fitness and Amateur Sport.

Also identified are new roles and responsibilities that emerge from, or are proposed in, the changes and some of the recommended supports for coaches and national sport organizations.

During our consultations, the stakeholders in sport commented frequently on the importance of media's role in the public's perception of sport. The media clearly do not perceive themselves as stakeholders in sport. The sport community believes that they have a large stake in how the media report on sport.

While not discussing the subject of media and sport extensively in this report, the Task Force has not ignored the relationship. The media provided the Task Force with suggestions, on which several recommendations are based, on how the interaction between the two sectors could be enhanced. We believe there is potential for developing better understanding between sport and the media in the future.

CANADA

Sport Makes a Contribution to Canada

- As part of our culture and heritage, an expression of our values; a contributor to national pride, identity and unity, to inter-regional understanding and to international relations
- As part of our physical activity culture, in active living, fitness, health, fellowship and, for some, physical and spiritual renewal
- In building communities with sporting events, inter-community competitions
- As an important part of a Canadian's education and as a component in the education system
- As part of an individual's personal development and character building, instilling values and ethics, playing by the rules, playing fair
- In giving Canada's youth the chance to excel on the world stage – making Canada proud, legitimizing our competitive urges and pursuit of excellence
- In our use of leisure time, to play, have fun, enjoy competition, friendships and achievement
- As Canadians host each other in Canada Games, the Commonwealth in Commonwealth Games and the world in Olympic Games
- As a significant part of the economy, in the entertainment, leisure, recreation, manufacturing and services sectors

Canadian Sport Gives to the World

- Sports that originated in Canada: lacrosse, hockey, basketball, synchronized swimming, ringette
- Canadian expertise in sport technology, coaching education, in a data base on sport for education, sport organization planning, event management, sport for disabled persons
- Advocacy of fair play and of values and ethics in sport
- Leadership in Commonwealth and Francophone sport
- Leadership and standards in doping control
- An experiment in reshaping a national sport culture
- Deeper understanding of the core values of sport
- Sport aid

What Canada Can Do for Sport

Love the pursuit of excellence

Cherish our sport heroes

Respect the efforts of all Canadians

- Accept and promote sport as part of Canada's culture
- Fund sport in keeping with its contribution to the Canadian way of life
- Recognize and reward high performance athletes for their special contribution to Canada
- Protect a place for non-professional sport in Canada
- Support community-based sport
- Support the sport community as it pursues sport-for-all
- Harmonize government's policies that support sport
- Encourage the media to report on amateur sport in a manner consistent with the beliefs and values of Canadians

ATHLETES

Themes that Guided the Task Force

All Athletes

- "Sport-for-all," equity and access for all
- An athlete-centred sport system
- Increased opportunities to participate
- Quality coaching
- Adherence to values of fair play, sportsmanship, health and safety
- Improved support services at the community level
- A stronger research program in support of sport

High-Performance Athletes

- Recognition of athletes' rights, right to representation
- Highest quality of coaching
- Improvement to athlete assistance
- Recognition by Canada
- Health and safety

Changes and Benefits for Athletes

All Athletes

- A sport system designed to provide choices and meet athletes' needs
- Access to a range of sports, facilities and training and development within one's own community
- Easy progress through the sport continuum – a seamless sport experience
- Certified coaches
- Athlete representation in decision making
- Generally improved support services
- Enhanced medical and sport sciences
- Safer sport
- Focus on excellence and a quality sport experience
- A sound moral and ethical environment
- Co-operative planning between school and sports
- Respect for the person
- Equity and access

High-Performance Athletes

- Professional coaches
- Recognition of national level standing in carding
- Highest quality of technical training
- Renewed emphasis on safety and well-being
- Opportunities to perform before Canadian audiences
- Hosting high performance sport events in Canada
- Coordinated support services
- More and better sport sciences and medicine
- Improved financial assistance
- Athletes' agreements balanced between rights and responsibilities
- Adjudication of appeals
- Reduced barriers and gaps in government support programs
- Post-career assistance
- Recognition of pursuit of excellence
- Recognition of contribution to Canada

COACHES

Themes that Guided the Task Force

- Athlete-coach as the key sport unit
- Quality professional coaching for Canada
- Pursuit of excellence by the athlete-coach team
- Winning within fair play and the rules of sport
- Support for the coaching code of ethics
- Viable careers for coaches

Roles and Responsibilities of Coaches

- Key contributor in the community-based sport model
- Trusteeship for the moral environment of sport
- Guide, mentor, trainer of children and youth, participant in their moral development
- Responsible for the quality sport experience

Changes and Benefits: Coaches and Coaching

- Coaches as the key delivery agents of sport to the community and to athletes
- The key developers of Canadian athletes
- Professionalization of coaching in Canada
  - national standards, a portable progression
  - legitimacy for the profession
  - highest international coaching standards
  - better training, better education
  - increased numbers of certified coaches
  - professional society
- Promotion of the coaching code of ethics
- Increased opportunities for women in coaching
- New career and employment opportunities for coaching
- Key players in developing Canadian youth, instilling values and ethics of sport and dealing with moral issues of sport
- A new economic model to support coaching

Supports for Coaching

- For professionalization
- For developing more paid positions
- A national research agenda
- New ties with the education sector
- Applied supports from sport sciences

SPORT ORGANIZATIONS

Themes that Guided the Task Force

- Sport for all Canadians, equity and access
- An athlete-centred approach
- A seamless and borderless sport continuum
- A community-centred approach
- Stronger relationships with the education sector
- A vertically integrated sport system
- Support for high-performance sport
- Deepened connections with sport sciences
- Readiness for increased autonomy
- A shift in government's role

Changes and Benefits: Sport Organizations

- Participation in setting national vision, values, goals and priorities
- A mature partnership with government; greater autonomy
- New eligibility and funding criteria; menu of support programs and co-planning of accountability criteria
- Input to federal sport policy
- Opportunity to develop a pan-Canadian sport system across the full sport continuum
- Potential for spectacular growth and evolution
- Increased funding to high-performance athletes
- Broadened research agenda
- Strengthened sport sciences, sport medicine capacity
- Development of an economic model for sport and employment opportunities for coaches
- Enhanced support services
- Increased connections, co-planning with education
- Greater support for leadership development
- Support for the pursuit of excellence

Roles and Responsibilities of Sport Organizations

- Provide a quality sport experience, a seamless progression through a vertically integrated sport system
- Protect the core values of sport
- Provide support to community sport development
- Provide a comprehensive sport development model
- Use a fair, representative model of governance
- Ensure equity, access and ethical conduct
- Increase connections with education
- Take a stronger international role
- Be accountable to members and the Canadian public

In Support of Change

- New partners, new allies, new supports
- Harmonized governmental policies
- Consolidation of federal programs
- Support in integrating special groups
- Support for professional coaching
- Integrated services from NSOs and technology transfer
- Procedures for values-based planning and ethical review of sport rules and conventions
- National conferences on research, on education and sport
- Support for a stronger international role
- Support for leadership development
- Aids in promotion, administration, volunteer/staff relationship, hosting, handling values and ethics issues

EDUCATION

Themes that Guided the Task Force

- Sport-for-all and equity and access in sport through education's involvement in sport
- Regular daily physical education for students
- Sport as part of the curriculum of education
- Diminishing role for sport and physical activity in schools
- Absence of coordinated research between sport and education
- Partnerships between sport and education in the interest of youth development
- Willingness to bridge the gap between sport and education
- Physical education and sport as effective contributors to instilling human values
- Education and sport as keys to ethical conduct amongst students-athletes
- Role for education sector in developing sport leadership

Changes and Benefits for Youth

- Increased emphasis and time allotted to sport, physical culture and physical education
- Development, especially for females, in basic movement and sport skills and in fair play and moral conduct
- Potential for better scholastic results
- Long term health benefits
- Improved program coordination between schools, sport clubs, recreation departments and sport associations
- Removal of barriers to scheduling and progress in student's sport experience
- Access for minority groups and economically disadvantaged
- More sport schools

Changes and Benefits for Education Sector

- Benefits of sport experience accrue to youth in schools (discipline, dedication to a goal, training, courage)
- Partnership between sport and education in youth development
- Sport as a media for better educational outcomes
- Potential for longer retention of drop-outs, especially young males
- Potential for shared experiences and positive relationships in multicultural schools
- Shared research on sport and education and on student-athlete development
- Integration of school sport facilities in the community-based model: potential for return on investment through user-pay

Changes and Benefits for Sport

- Consistent early development by physical educators of movement skills
- Integrated, coordinated (sport, education and municipality) community-based sport programs
- Expansion of sport schools
- National research agenda for sport, athletics and sport's role and place in society
- Harmonized sport system for athlete's seamless progression
- Holistic development of the student-athlete
- Comprehensive approach to instilling values and ethics in youth, especially values of fair play

PROVINCES / TERRITORIES

Themes that Guided the Task Force

- Provinces a key stakeholder in future of sport
- More mature relationship with sport
- Sport at the community level a fundamental building block
- Limited public sector resources and a proliferation of sport
- Closer links between sport and education system
- Vertical integration of sport
- Common vision, values, overall goals for sport
- Federal/provincial/territorial policy reconciliation

Changes and Benefits

- A key seat at the planning table for a Sport Plan for Canada
- Potential for a more effective community-centred sport model
- Opportunity for provincial leadership contribution to sport
- Encouragement for more joint federal/provincial planning
- National and provincial sport bodies working to a common approach
- A smoother sport continuum matched by harmonized federal/provincial/territorial policies
- A federal/provincial secretariat to harmonize policies and approaches
- A collaborative, inclusive, vision for sport
- Enhanced certification, professionalization and employment of coaches
- Enhanced co-operation between sport and education
- Accessible, equitable and fair sport community, responsive to provincial social responsibility expectations

FITNESS AND AMATEUR SPORT

Themes that Guided the Task Force

- More mature relationship with sport organizations
- Evolution towards partnership and shared leadership approach
- A balanced sport system
- Adjustments and revisions to sport policy
- More integrated planning between fitness and sport
- Shared vision, values, goals with other stakeholders
- Increasing autonomy for sport organizations

Expectations of Fitness and Amateur Sport Branch

- Increase support for athlete assistance, employment of coaches
- Redesign funding policies and approach
- Apply new sport entry criteria
- Focus on core sports in Canada
- Limit high-performance, international support to a select list of sports
- Restructure accountability approach for NSOs
- Target social responsibility agenda for sport
  - equity and access
  - ethical conduct and trusteeship
- Consolidate appropriate support programs
- Reduce directive role in relationships with sport organizations
- Devolve some government programs to NSOs
- Improve information base and policy leadership functions
- Restructure FAS and reshape roles at all levels
- Champion sport as a contributor to cultural identity and policy
- Help create a sport plan for Canada

Changes and Benefits to the Government

- Affirmation for a federal government role in sport
- A Sport Plan for Canada
- National vision, values and goals to guide federal sport planning
- Strategy to guide planning
- Development, renewal of federal sport policies
- Opportunity to harmonize federal / provincial / territorial sport policies
- Development of an integrated, coordinated, pan-Canadian sport system
- Progressive accountability framework
- Improved relationship between government and the sport system
- A more mature self-governing sport community
- Refocusing FAS / Minister as champion of (public policy for) a Canadian physical activity culture
- Better data and evaluation for planning public policy
- New approach to sport funding eligibility
- A restructured, more relevant and appropriate FAS
- Appreciation of sport in social and cultural policy and social responsibility
- Strategy for hosting games
- Considerations of a new economic model for sport

Task Force Recommendations

The Task Force recommends that:

CHAPTER 3: SPORT IN CANADA

F1.[1] increase understanding among Canadians of the important cultural, societal and economic contribution that sport makes in Canada, and to increase the promotion of sport, the Fitness and Amateur Sport Branch undertake immediately, with interested parties in the sport system and appropriate government agencies, a socio-economic study on the impact of sport in Canada.

F2. Statistics Canada, the Social Sciences and Humanities Research Council[2]; the National Science and Engineering Research Council of Canada, the National Health Research Development Program and the Medical Research Council, in consultation with the Fitness and Amateur Sport Branch, create a category for study of sport and physical activity in their discipline codes to facilitate studies on sport and physical activity in Canada.

F3. The Minister of State for Fitness and Amateur Sport, develop alliances with federal and provincial government departments responsible for the advancement of Canadian culture to:

- include Canada's physical activity culture as a significant component in cultural policy;

- include sport as an integral component of Canadian cultural policy;

- gain support for school-based sport and community-centred sport as cultural building blocks of our communities; and

- participate in the promotional emphasis on culturally significant Canadian sports in school-based and community-based sport.

F4. The federal government adopt the recommendation in the 1991 Program Evaluation audit of Fitness Canada by the Health and Welfare Canada, Program Audit and Review Directorate which recommended that:

The federal government should, through Fitness Canada, continue its involvement in promoting physical activity among Canadians. The federal role should be one of providing national leadership and facilitating interaction within the physical activity community and policy development.

Fitness Canada should continue to target children and youth for special attention through initiatives such as the quality Daily Physical Education campaign, and the Canada Fitness Awards Program.

---

1. *Recommendations marked with "F" are directed to the federal government.*
2. *The government will combine the Social Sciences and Humanities Research Council with the Canada Council, as announced in the 1992 Budget.*

CHAPTER 5: CONSTRUCTING A SPORT PLAN FOR CANADA

F5. The Minister of State for Youth, Fitness and Amateur Sport establish a new federal advisory group made up of experts representing the variety of interests and sectors directly affected by federal sport policy. The group should report directly to the Minister.

F6. The sport organizations, governments and other stakeholders in sport:

- create a framework for a national planning process based on the principles of shared leadership and respect for the roles of the respective partners;
- focus the initial agenda on developing the vision and values and national goals for a Sport Plan for Canada;
- develop a priority policy action list for federal/provincial/territorial government policy harmonization; and
- make recommendations to facilitate the vertical integration of the sport system.

F7. The federal/provincial/territorial governments establish an expert secretariat to harmonize public policies in the interest of supporting the sport plan for Canada.

CHAPTER 6: ATHLETES

F8. The federal government, when making annual decisions on funding allocations, specifically consider the degree to which sport organizations actively demonstrate commitment to athletes' rights.

F9. The Fitness and Amateur Sport Branch provide financial assistance for an initial four-year period to help support the establishment of the Canadian Association of Athletes. Continuation of the need for and benefits of financial support beyond that period should be assessed on the basis of the organization's performance at the end of the third year.

F10. The Fitness and Amateur Sport Branch collaborate with national sport organizations, in consultation with athletes, coaches, officials and clubs, to establish a neutral arbitration process for the sport system.

CHAPTER 7: COACHES AND COACHING

11. Sport organizations and governments adopt the guidance reflected in the vision, values and strategic priorities statements produced at the 1990 National Conference on Coaching Strategies as desirable goals for the sport system.

12. National, multi-sport and coaching organizations adopt and promote the proposed coaching code of ethics and undertake a values-based examination of how the sport system will integrate this code into their policies and behaviour.

13. Sport organizations, coaches and coaching organizations:

- develop and implement a strategy to increase the recognition and acceptance of the National Coaching Certification Program;
- increasingly apply the requirement of an appropriate level of certification to activities and projects in the sport system;
- implement an ongoing evaluation of the effectiveness of the National Coaching Certification Program.

14. Sport organizations and governments develop and implement a strategy for the advancement of coaching as a part of the development of the new community-centred model for sport proposed by the Task Force. This should include plans for the training and development of coaches, and the concept of certified Level III coaches as the key coaching leaders in the centres.

15. Sport organizations and government support the efforts of the Coaching Association of Canada and the Canadian National Association of Coaches to professionalize coaches and coaching in Canada. Professionalization should include:

   • incorporation of the professionalization model by sport organizations into their corporate planning, coaching development and accountability approaches;

   • creation of a blueprint and plan for a society of professional coaches;

   • professional recognition requiring appropriate standards of education, experience, passing an examination and adhering to the coaching code of ethics;

   • emphasis on the creation of high standards as the key to the strategy and especially high standards in the practice and experience of coaching;

   • an evaluation and accountability process for coaches.

16. Governments and the sport organizations accept and give priority to the recruitment, training, employment and promotion of women coaches to significantly increase their numbers in the sport system. The proposals of the National Conference on Coaching Strategies should be used as a guide to achieve this goal.

17. The Canadian Association of National Coaches and national sport organizations develop a plan to encourage high-performance and other athletes to become involved in coaching after retirement. The strategy to recruit more athletes to pursue coaching careers should utilize educational incentives and credits for athletic experience and give retired athletes priority consideration for training.

F18. The Fitness and Amateur Sport Branch explore means to promote and support an employment strategy for coaches as a priority for the advancement of a coaching infrastructure.

19. Sport organizations develop an economic support model to further the employment of part-time and full-time professional coaches. This model would utilize user-pay, major games legacy funds, matching corporate support funding and public funds as seed and incentive monies. The goal of the plan should be to develop economic self-sufficiency for coaching.

20. The coaching profession and the Technical Council of the Canadian Sport and Fitness Administration Centre vigorously examine the issue of "winning at any cost" by examining values and ethics issues within coaching. The coaching profession should deal collectively with attitudes and behaviour that threaten the integrity and values that underpin sport.

CHAPTER 8: SERVICES IN SUPPORT OF SPORT

21. Single-sport and multi-sport organizations develop and promote a support services model, tailored to appropriate levels of organized sport (local/regional, provincial, national), which provides guidelines, information aids and roles, and outlines responsibilities of expert groups.

    The support services model should address:

    • health, safety and sport medicine;

    • sport sciences;

    • technical development aids;

    • education and counselling;

    • promotion and communication;

    • organizational aids.

22. Sport organizations and governments incorporate the support services model proposed by the Task Force into developmental work on the community-centred models concept.

F23. The federal government review and assess its core sport-science and medicine-related research and educational programs (including applied sport research, sport-science support, health status support, science and medicine support centres, and the research and education element of the Canadian Anti-Doping Organization) and in conjunction with the involved parties, determine:

    • a new national research agenda which would guide the provision of contributions to sport research;

    • a strategy to co-ordinate the efforts of the SMCC, the expert provider groups, Canadian Anti-Doping Organization and sport bodies in their research efforts;

    • a strategy to co-ordinate the funding of these federal support programs toward a common approach and linked to other services as needed; e.g., the national coaching centres.

    • also see Recommendation 48.

24. The Sport Medicine Council of Canada, with assistance as required from the Fitness and Amateur Sport Branch, develop better integrated planning with its member associations to streamline decision making and more aggressively pursue its approach to the 10 national priorities for sport medicine and science in amateur sport.

25. The Sport Medicine Council of Canada consider developing closer linkages with other sport-science/sport– medicine/sport-paramedical non-member groups so that their services can be incorporated in a menu of services offered to the sport system.

26. The SMCC work with its provider groups to:

    • increase services to athletes at all levels in the sport system;

    • encourage the development of comparable organizations and agencies and/or affiliations with existing groups at the provincial level;

    • respond to the need to develop sport-science services as part of core services at all levels as outlined in this report.

F27. The Fitness and Amateur Sport Branch transfer management responsibility and the associated funds for the federal government's core sport-science contribution programs to the Sport Medicine Council of Canada, subject to the Council making demonstrated progress in implementing the proposals in recommendations 24, 25 and 26.

F28. The Fitness and Amateur Sport Branch encourage collaboration between the Canadian Fitness Lifestyle Research Institute (CFLRI) and the Sport Medicine Council of Canada and its provider groups and ask then to examine and report on the options for the formal amalgamation of the CFLRI and the SMCC into one national organization for the co-ordination of research for fitness and sport. Such an organization, drawing from existing or evolving research capacities, could provide contributions to meet the national research agendas of both the sport and fitness/active living communities.

29. The coaching profession and relevant agencies develop closer relationships with sport scientists and their organizations to encourage a better partnership in the application of sport science. This improved relationship would include the direct development and use of applied research at training and competition sites.

F30. The Fitness and Amateur Sport Branch establish a sport-science exchange program with appropriate foreign countries through its bilateral agreements and international support program.

F31. The Fitness and Amateur Sport Branch incorporate sport science and medicine as essential elements in the design of any post-games legacy considerations when negotiating major games funding provisions.

F32. The Fitness and Amateur Sport Branch and the national agencies in sport science and other granting centres for sport-science research pursue discussions on:

- the inclusion of sport-science subjects on the granting agenda of other agencies where appropriate;

- the development of collaborative research agendas linking sport science to broader areas of scientific exploration.

33. The sport-science communities pursue efforts to involve the private sector in financing sport research to assist the development and enhancement of Canadian sport and a physically active lifestyle.

34. The Canadian Sport and Fitness Marketing Corporation develop a promotion and communications guidelines package to be provided as a service by national and provincial sport organizations for the use of community sport groups.

35. The Senior Managers' Forum, in co-operation with the Canadian Sport and Fitness Administration Centre, develop an organization aid package to be delivered by the national and provincial sport community as a support service to community sport groups. The package should contain helpful guidelines on administrative functions, the development and promotion of the club concept and enhanced membership, key volunteer skill needs, etc.

CHAPTER 9: VOLUNTEERS

36. The Canadian Sport and Fitness Administration Centre, in co-operation with the Senior Managers' Forum, prepare a summary of the legal, financial and moral responsibilities of not-for-profit sport organizations for self-education use by the sport community.

37. The Senior Managers' Forum, in co-operation with the Canadian Sport and Fitness Administration Centre, develop guidelines to assist sport organization board directors and paid staff to carry out their roles in mutually supportive ways. Further, through the Skills Program for Management Volunteers, an organization self-analysis instrument should be developed to assist organizations in understanding:

- the share of responsibilities between volunteer board of directors and full-time professional staff;

- the appropriate delegation of role and accountability as the organization adjusts toward a professionalised headquarters capacity.

F38. Federal and provincial governments continue to support and expand the national level "volunteer skills program."

F39. The Fitness and Amateur Sport Branch, and other organizations involved in sport, incorporate volunteer recognition programs in existing or future sport awards programs.

CHAPTER 10: THE SPORT ORGANIZATIONS

40. The national and provincial sport organizations create joint planning processes involving the development of shared visions and goals for an integrated sport system. These processes should include the key deliverers of sport at each level—national, provincial and local.

F41. The federal and provincial governments develop immediately a plan and process to harmonize their funding policies and models to support a smooth, "seamless" sport continuum, thereby improving efficiency and removing existing gaps and overlaps.

F42. The Fitness and Amateur Sport Branch ask the national arms' length multi-service organizations (i.e., CSFAC, CAC, SIRC, SMCC, Fair Play Commission, CSFM and CADO) to develop, individually and collectively, a strategy for the provision of their services to NSOs that will:

- enhance the technology transfer from these central organizations to the NSOs;
- assist the integration of those key organizational roles, that are related to the multi-sport services, into the regular management practices of NSOs;
- encourage MSOs to enter into joint ventures and projects to expand the scope and impact of their services;
- make their products available to the provincial levels of sport while being sensitive to existing infrastructure and mandates;
- develop aids and guidelines for community level sport use; and
- reduce the overall collective administration costs for the purchase of MSO services and use the savings to enhance their services.

F43. The Fitness and Amateur Sport Branch encourage and support the development of a national technical services model designed to enhance the provision of co-ordinated and integrated technical services to national sport organizations in the areas of coaching and officials development, high-performance programming, sport medicine and applied sport sciences, dissemination of technical information, and technical planning. The initial co-ordination and service delivery should be developed jointly by the Coaching Association of Canada, the Sport Medicine Council of Canada and the Sport Information Resource Centre, with input from national sport organizations and Fitness and Amateur Sport.

CHAPTER 11: COMMUNITY-CENTRED SPORT

F44. In the interests of a community-centred sport system for Canada:

- federal and provincial governments and national sport organizations explore coordinated community-based planning models including the study of successful centres in Canada and other countries;

- stakeholders convene a process involving a broad representation of community sport and recreation leaders (professional and volunteer) to explore the concept of a community-centred model for the development of sport based on:
  - pooled facilities, programs and resources;
  - shared support services;
  - a shared coaching model;
  - a coordinated plan and management;
- based on the results of the above, develop a new sport development centre model which also would be based on:
  - providing positive and varied sport experiences at a nearly age for young Canadians;
  - barrier-free movement of participating athletes within the Centre programs and sports;
  - a concern for equity, access, values and ethics in sport.

F45. The federal government propose a number of pilot community-centred model projects to be developed in a partnership arrangement with interested provincial governments and involving NSOs and PSOs, as appropriate.

CHAPTER 12: SPORT AND EDUCATION

F46. The Fitness and Amateur Sport Branch in collaboration with the provinces organize a series of conferences (i.e., The Sport System meets The School System) to bring together representatives of the sport system and the education system to identify effective ways to reduce and bridge the gaps between the two systems.

47. National and provincial sport organizations examine their linkages with the education system to create a better match between their goals and programs and to improve the ability of athletes to move easily between the two systems.

48. The proposed sport plan for Canada incorporate a national research agenda for sport which would include:

- the health and social impact of active involvement in competitive sport—to be led by the Canadian Fitness and Lifestyle Research Institute;
- the holistic development of athletes in a safe, healthy, and morally sound environment;
- the educational content for physical educators at the university and college level that includes coaching and moral development of student athletes; and
- developing a framework for collaboration between the education and sport systems in the development of the student athlete.
- also see Recommendation 23.

CHAPTER 13: HOSTING GAMES

F49. The Fitness and Amateur Sport Branch implement a new hosting policy that:

- supports a long-term strategy for hosting significant single-sport world championships and international competitions;
- links the hosting strategy to other international goals;
- includes the concept of legacy funds for ongoing sport development in the host community;

- establishes a longer-term program to support the securing and organizing of significant competitions;
- maximizes benefits from media and sponsorship; and
- ensures balanced regional distribution.

CHAPTER 14: PROMOTING THE SPORT EXPERIENCE

50. National sport organizations and the Canadian Sport and Fitness Marketing Incorporated (CSFMI) work collaboratively to develop strategies to:
    - encourage the hosting of more top-level events in Canada to ensure Canadian athletes can perform before Canadian audiences;
    - increase the spectator following of Canadian amateur sport to build broader interest in the full sport continuum and a deeper understanding of the nature of sport in Canada;
    - focus on smaller communities and sport-specific media to develop a community-based following for amateur sport;
    - establish a media advisory group to advise the sport community on ways in which media relations and promotion can be enhanced;
    - build a deeper marketing and promotion orientation into the management of sport organizations;
    - increasingly develop the capacity of CSFMI in public relations and marketing to provide guidance, education and advisory services to national sport organizations.

51. National sport organizations and the Canadian Sport and Fitness Marketing Corporation should:
    - develop a communications framework to help sport bodies address the communication of both the intrinsic and entertainment values of sport to participants, spectators, the general public, governments and the corporate sector;
    - promote sport as an important facet of Canadian culture and address the impact of media coverage of American and Canadian professional sport on the attitudes and support of Canadians for a Canadian physical activity culture;
    - develop a strategy to position non-professional sport as a key recognizable element of our sport culture.

52. The Canadian Sport and Fitness Marketing Corporation should:
    - explore the establishment of a national sport news agency as a pilot project to facilitate the provision of strong Canadian sport news to Canadian media;
    - develop a workable vocabulary and definitions for the different categories of sport as in "professional sport," "organized, competitive, high-performance sport" and "recreational sport";
    - conduct public opinion polls and other types of surveys to determine the public's attitudes and desires regarding Canadian amateur sport and its media coverage which could serve as one basis for designing the appropriate marketing and communications strategies for the national and sub-national sport community.

CHAPTER 15: INTERNATIONAL SPORT

53. The national sport organizations actively campaign to gain representation on key decision-making bodies of their respective international federations to protect and advance the interests of their members and bring a Canadian perspective to the development of sport internationally.

54. The Canadian national sport community—with support and input from the Fitness and Amateur Sport Branch—share expertise and develop strategies to influence the global sport movement on issues deemed critical to sport from the perspective of Canadian beliefs and values.

    The Task Force further recommends that this global agenda include:

    - the campaign against doping and banned practices;
    - fair play;
    - equity and access for women in sport;
    - appropriate integration of sport for disabled athletes;
    - the negative effects of commercialization of sport;
    - "sport for all."

F55. The Fitness and Amateur Sport Branch continue its efforts to implement a vigorous international sport relations program that will support the interests of Canadian sport and the federal government internationally.

F56. The International Relations and Major Games Directorate of the Fitness and Amateur Sport Branch co-ordinate the development of a Canadian strategy for development assistance in sport, ensuring collaboration among Canadian partners and pursuing a goal of substantial self-development in recipient countries.

PART IV: SPORT AND SOCIETY

F57. The Fitness and Amateur Sport Branch build into the accountability framework for sport organizations, a module on social expectations and responsibilities which includes:

    - the obligation as an incorporated body to members of meeting the full stated mandate of the organization;
    - the social and moral obligation of meeting the espoused values of the organization and the Charter of Human Rights of Canadians;
    - their responsibility for significantly advancing the concept of "sport for all" — access and equitable treatment for all segments of the Canadian population.

CHAPTER 16: BILINGUALISM IN SPORT

F58. The Fitness and Amateur Sport Branch's Bilingualism Program continue to act as a catalyst, encouraging and sensitising the sport community to the need and possibilities of providing services to participants in both official languages.

59. National sports organizations continue to provide core administrative and communication services in both official languages that will assist athletes and members of the sport community to participate, compete and communicate (e.g., coaching materials, rules and regulations, policies, etc.).

60. National sport organizations make available, in both official languages concurrently, information necessary for equitable participation in governance and decision making for members of both linguistic groups, according to their membership profiles.

F61. The Fitness and Amateur Sport Branch co-operate with those provinces where interest and demand exists in developing joint programs to enhance the bilingual service capability of relevant national and provincial sport organizations.

62. National sport organizations publish and distribute national team selection criteria simultaneously in both official languages. Differences or disputes arising from athlete selection decisions that cannot be resolved within the sport organization's own appeal process should be subject to the arbitration mechanism proposed by the Task Force in Recommendation 10.

CHAPTER 17: EQUITY AND ACCESS

F63. The Fitness and Amateur Sport Branch should:

- integrate the principles of the Women in Sport Program into all of its policies and programs;
- give priority to implementation of policies and programs by the allocation of funds;
- consult with provincial governments on ways to develop access for girls and women to sports of their choice;
- channel research funds to develop mechanisms to support sport organizations in implementing greater equity and access for women in sport, coaching and administration;
- give high priority in the funding and accountability processes to the degree to which NSOs actively implement their policies and programs for girls and women.

64. The national sport organizations should:

- include the advancement of girls and women in sport as a priority in their strategic planning;
- become vigilant of and assume accountability for the physical and moral safety of women in sport with specific attention to physical and equipment safety during training and performing and to the prevention of sexual harassment;
- write and implement policies that clearly reflect the social and legal meaning of gender equality;
- write and enact policies and set targets to achieve equitable representation on boards of directors, committees, in administration and across the sport and provide training to enhance their contribution;
- portray women and girls in promotion, advertising and publicity by using words and images that are appropriate to their sport experience and avoiding words and images that portray women as objects.

F65. The federal government, through the Fitness and Amateur Sport Branch, support the creation of an independent sport secretariat for indigenous peoples as a national sport organization, with the following conditions:

- funding be provided for start-up and operation for an initial five-year period, conditional upon the development of goals and objectives to be achieved during that period which would be agreed upon jointly by the Minister of State for Youth, Fitness and Amateur Sport and the Secretariat; and
- the Secretariat be subject to an evaluation of progress at the end of the fourth year.

F66. The Fitness and Amateur Sport Branch, in co-operation with this proposed secretariat, explore the possibility of obtaining funding for specific sport projects for indigenous peoples from programs in other government departments whose goals can be accomplished through sport and active living activities.

F67. The Fitness and Amateur Sport Branch review all policies and programs to determine how they should be administered to best promote the inclusion of athletes with a disability into all aspects of the sport system, and that sport organizations for disabled persons be encouraged to broaden their emphasis beyond a high-performance focus to include broad participation of disabled persons in sport.

F68. The Fitness and Amateur Sport Branch undertake consultations with provincial governments, national sport organizations for athletes with disabilities and national sport-governing bodies to organize a conference aimed at developing ways to bring about greater inclusion of athletes with disabilities in the sport system.

F69. Federal/provincial/territorial ministers responsible for sport, in consultation with appropriate provincial ministers, initiate a national strategy to promote sport access for ethnic and visible-minority Canadians. In developing the strategy, consideration would be given to the viability of affirmative action in the longer term and of incorporating ethnic and visible-minority promotion in the federal government's accountability framework with its sport clients.

F70. With respect to organizations involved in the promotion, advertising and publicity of sport in Canada, the federal government encourage organizations that receive funding to create positive, culturally diverse images of children and young athletes.

CHAPTER 18: EMERGING SOCIAL TRENDS

F71. The Fitness and Amateur Sport Branch form alliances and plan co-operatively with social policy departments of governments, the Canadian Council on Social Development and other agencies to seek means to increase access to sport and support the development of sport for the socially and economically disadvantaged segment of Canadian society.

F72. The Fitness and Amateur Sport Branch, as part of its strategic planning, follow demographic trends to identify emerging groups or issues where the benefits of sport may make a significant contribution.

CHAPTER 19: ETHICAL CONDUCT IN SPORT

F73. The Fitness and Amateur Sport Branch monitor through research and polling, the beliefs and opinions of Canadians on values and ethics in amateur sport and publish the results to the sport community.

F74. The Fitness and Amateur Sport Branch increase its advocacy for and involvement in the area of athlete health and safety across the sport continuum and, working with the provinces, territories and sport medicine councils:

- develop a national data bank on injuries in organized competitive sport (in part to assist the long-term access to liability and accident insurance);
- identify areas for related research;
- work with the national sport bodies to develop strategies to reduce preventable injuries.

F75. The Fitness and Amateur Sport Branch work with CADO and the national sport organizations to continue Canada's leadership in the global anti-doping fight, while underscoring the critical relationship to values and ethics.

76. National sport and multi-sport organizations should:

- clarify and publish the values and principles that will guide their sport, its administration and its practices and for which they are prepared to be held publicly accountable;

- model the same values and ethics espoused in the Canadian Plan for Sport in the leadership and administration of their own sport organizations; and

- collectively monitor the drift away from sport traditionally based on rules, principles and values and take corrective actions to ensure that organized competitive sport fits with the Canadian Plan for Sport and retains its core values.

77. National sport and multi-sport organizations should:

- educate coaches, officials and athletes on the specific values, rules and ethics of the sport and the roles of each in upholding them;

- examine the ethics of the rules and conventions (i.e., practices/norms) of their sport(s) to ensure they are ethical and consistent, and that athletes, coaches and officials are not placed in ethical dilemmas inherent in conflicts in the rules and conventions of sport.

78. National sport and multi-sport organizations should:

- increase the priorities placed on athlete health and safety and create national plans to reduce injuries to athletes within their sport;

- develop strategies to address the issue of violence in sport from a moral (e.g., cheating.), health and legal perspective;

- develop sport-specific anti-doping plans and co-operate with the Canadian Anti-Doping Organization and the overall Canadian campaign to address drugs in sport;

79. The Coaching Association of Canada make explicit, in all levels of the certification program, the role of the coach in the ethical conduct of the sport and in instilling the ethical behaviours expected of athletes in competition.

80. The Commission for Fair Play should:

- provide support to national sport bodies undertaking ethical examination of their rules and conventions and develop programs and models to aid in the resolution of any ethical issues that emerge;

- increase the pace and scope of its efforts on the issue of violence in sport and in conjunction with CADO expand its educational program related to drugs in sport as a values and ethics issue;

- work with the other multi-sport organizations to heighten the emphasis on values and ethics challenges in the conduct of sport.

81. The Commission for Fair Play become a non-profit corporate entity retaining strong links to governments and the sport community, while retaining its objective capacity as a conscience and critical observer of the conduct of sport.

82. That the Canadian Olympic Association be encouraged to use the philosophy of the Olympic movement and its core values to promote the essential values and benefits of sport and to encourage leadership and actions consistent with these values.

83. The Commission for Fair Play and the Canadian Olympic Association work co-operatively to increase and promote education on values and ethics in sport in the Canadian school system.

CHAPTER 20: THE ROLE OF GOVERNMENTS

F84. Fitness and Amateur Sport be restructured and its leadership role and approach be redesigned to reflect the changing vision, conduct and governance of sport and the recommendations of the Task Force Report.

CHAPTER 21: FEDERAL SPORT POLICIES AND PROGRAMS

F85. The Fitness and Amateur Sport Branch issue a revised human resource management policy outlining the conditions involved in government funding of national sport organization staff positions. The policy should:

- outline the general conditions the government feels should govern human resource management;

- establish clearly that the national sport organizations have sole and complete authority and responsibility for the selection, appraisal and management of staff.

F86. The Fitness and Amateur Sport Branch invite interested national sport organizations to participate in a thorough review of the Quadrennial Planning Process with the objective of simplifying it and making it more adaptable to individual organizations' needs. Further, effective immediately, use of the Quadrennial Planning Process by NSOs should be optional, and not a condition of funding support.

F87. The Fitness and Amateur Sport Branch, in the interest of improving the safeguards for athletes' rights, review and revise the current draft athlete agreement for the Athlete Assistance Program to reflect a better balance between athlete and association rights, and in line with this, ask national sport-governing bodies to review all current athlete agreements against the revised draft agreement.

F88. The Fitness and Amateur Sport Branch maintain the purpose of the Athlete Assistance Program as an offset to additional living and training costs incurred by athletes.

F89. The Fitness and Amateur Sport Branch establish the C card as the main national team-level card, and emphasize its status by also granting it to athletes who win national championships and who are part of a federally supported national team program. Also that, in future, A and B cards should be used to acknowledge world class athletes and assist them to cover the additional training, education and living expenses of high performance status.

F90. The Fitness and Amateur Sport Branch review the athlete carding system with the objective of reducing the existing nine card levels. Current card holders should not lose their funding as the result of changes resulting from this revision.

F91. The Fitness and Amateur Sport Branch review current stipends paid under the Athlete Assistance Program and revise them upward in light of the current Canadian cost of living. The revisions would be determined for the proposed new C card level and applied on a pro rata basis to other carding levels. The level of increases granted should take into account the non-taxable status of AAP stipends.

F92. The Fitness and Amateur Sport Branch move as soon as possible to harmonize policies and criteria between the AAP and related provincial/territorial athlete-support programs.

F93. The Fitness and Amateur Sport Branch, in the context of administering and reviewing the Athlete Assistance Program and other athlete-related issues, establish an ongoing direct consultative process with high performance athletes as soon as feasible. Initial actions should:

- determine the mechanisms needed for ongoing consultation;
- undertake further studies and make appropriate recommendations on assistance to help high performance athletes adjust to regular life following their competitive careers;
- develop a counselling program for retiring high performance athletes.

F94. The federal government, in co-operation with national sport organizations and provincial/territorial governments, undertake a feasibility study on the need for, and possible development of, an athlete foundation designed to support additional training, education and living expenses of high performance athletes.

F95. The federal government replace the current Sport Recognition System approach to categorizing sports with a new Sport Funding Eligibility (SFE) framework that would:

- in terms of its *basic characteristics:*
    - incorporate entry-recognition dimensions which are as stringent as the current ones, but with a wider range of criteria;
    - be uniformly applied to all sport organizations;
    - provide a five-year grace period for existing sport organizations that do not meet the criteria to enable them to adjust to the new system;
    - incorporate the concept of core Canadian sports;
    - incorporate an evaluation model that includes a sport profile assessment and evaluation of plans submitted by the NSO;
    - provide access to a program support menu of federal funding based on the sport profile, plans, and the fit with national and federal priorities.
- in terms of its *design and management*:
    - be of value to the sport organization for its own planning and self-assessment purposes;
    - be of value to the other stakeholders in sport in national sport policy planning;
    - impose minimum administrative burden on the national sport organizations.

F96. The Fitness and Amateur Sport Branch explore with the provinces and territories the concept of targeting a core set of Canadian sports for support. These sports would be chosen for their historical, cultural, geographical and developmental importance and for their contributions to Canadian society, and would receive special and continuing joint emphasis by both levels of government. The objective of this exercise should be to reduce the current high number of sports given funding prominence by governments to a more realistic number.

F97. The Fitness and Amateur Sport Branch determine those sports that:

- are of historical, cultural, geographical and developmental importance to Canada (currently or potentially);
- have the potential to provide quality high performance programs that will provide a full range of opportunities for their top athletes to pursue excellence to the highest levels, on an ongoing basis.
- And, based on that assessment, Fitness and Amateur Sport, in its national team/high performance funding, emphasize those sports with the highest

demonstrated potential and progress, thereby reducing the number of sports that receive significant public funds for high performance international programs.

F98. In introducing government-approved changes in its role, the Fitness and Amateur Sport Branch work closely with Sport Canada staff to review and redefine their duties and responsibilities, and to provide appropriate training and reorientation to facilitate their full understanding of these changes and the effective carrying out of their new roles.

CHAPTER 22: THE FEDERAL FUNDING PROCESS

F99. In providing support to the sport system the Fitness and Amateur Sport Branch should:

- continue to fund national sport organizations through contributions;
- introduce a three- to five-year funding framework for sport with federal funding commitments and contracts, and an annual review and fine tuning of appropriate support categories.

F100 The Fitness and Amateur Sport Branch undertake a complete review of current accounting requirements placed on national sport organizations, with the objective of simplifying and reducing the current level of paperwork.

F101 The Fitness and Amateur Sport Branch reduce the number of "funding blocks" currently used and broaden their definition to provide greater flexibility to the sport organizations in the use of federal funds.

F102 The Fitness and Amateur Sport Branch revise the current funding decision-making process to:

- make the process more open;
- provide an opportunity for those organizations wishing to do so to present their case directly to the appropriate decision-making level; and
- provide for a process to review funding decisions at the request of an organization.

F103 The Fitness and Amateur Sport Branch, the Senior Managers' Forum and the Canadian Sport and Fitness Administration Centre pursue a joint strategy for greater use of computer technology in the funding and accounting process.

F104 The Fitness and Amateur Sport Branch, in implementing the new Sport Funding Eligibility Framework and its accountability requirements for funding national sport organizations, require:

- that NSOs submit strategic plans outlining goals and objectives and how they will be attained as part of the funding application;
- memoranda of understanding or contracts based on the organization's submission and the terms of agreement; and
- that succeeding funding decisions be based on the progress made by the NSO in implementing its plans.

CHAPTER 23: A NEW ACCOUNTABILITY FRAMEWORK

105. The national sport organizations support a new accountability framework for sport based on:

- recognition of athletes and members as the key recipients of sport opportunities and services;

- acknowledgement that sport organizations hold a public trust for which they are accountable to the Canadian public;

- a new approach to accountability to governments and the use of public funds.

F106 The Fitness and Amateur Sport Branch shift from an emphasis on federal priorities to a recognition of NSO accountability based on their sport mandate, their responsibility as stewards of a public trust and their responsiveness to national goals and federal priorities.

F107 The federal government adopt a phased approach in phasing out its existing accountability requirements and phasing in a new federal accountability framework based on the use of the new Sport Funding Eligibility Model proposed by the Task Force.

F108 The federal government produce a statement of intent outlining its commitment to act in a manner consistent with the following:

- its role and responsibility to support and encourage the development of sport in Canada;

- a clear statement of the beliefs and values it holds for sport in Canada;

- a clear statement of the principles and approaches it will follow in carrying out its role and responsibilities in the sport system;

- the criteria that will be applied in making government decisions on policy and funding; and

- a commitment to seek regular input from its client groups on progress in meeting these intentions.

CHAPTER 24: SEEKING A NEW ECONOMIC MODEL

F109 The Fitness and Amateur Sport Branch support the development of an enhanced economic model for sport focusing on:

- core support for the management function of national sport organizations;

- assistance to offset travel costs and national sport programming;

- an appropriate economic and tax policy environment, (e.g., supporting non-profit status);

- support for system-wide approaches and strategies to enhance the economic model.

110. Individual sport bodies explore new financial models based on user-pay, proactive marketing approaches and a market-driven orientation, an expanded membership base through alliances with school programs and recreation base enhancement, approaches to event management and increased links with the retail industry. Such models should include strategies to:

- develop and invest in a labour market for coaches;

- build legacy funds following major events to provide post-event operating and programming support;

- attract industry sponsorship and the provision of in-kind services (staff expertise, etc.);

- share delivery costs through a collaborative partnership between the school system and the sport system for mutual benefit; and

- market Canadian expertise and technology on domestic and international markets.

F111 The federal government produce guidelines that will help sport organizations plan their corporate financial models to conform with and to benefit from Canadian economic and tax policies (e.g., non-profit status, tax deductibility, GST, sponsorship deductions, duty remissions,).

F112 Federal and provincial governments, with the support of other appropriate sources, develop a data base on the economy and industry of sport from recreational sport to high-performance sport, for the purposes of long-term strategic and economic planning and policy development.

CHAPTER 25: LEADERS AND LEADERSHIP

113. The national sport organizations establish a new leadership development approach for volunteers and staff that would:

- be available to national and provincial sport organizations and others in the non-profit field at modest cost;

- include a curriculum incorporating:

  - techniques for consultation, collaboration and consensus building;
  - how to debate and reconcile the nature and direction of public policy for sport;
  - how to understand and clarify values, dilemmas and ethical issues relating to the conduct of sport;
  - understanding and applying the broad responsibilities involved in carrying out the trusteeship of the public trust.

- develop specific, functional leadership such as technical program leadership, leadership of organizations and organizational management and public policy leadership;

- link existing resources and expertise with federal government assistance and support for leadership development;

- include the exploration and assessment of the viability of a leadership institute for sport (not a bricks-and-mortar institution).

114. In order to play a vital role in the construction of a Sport Plan for Canada, the sport community develop its own individual and collective leadership.

F115 The federal government use the Task Force recommendations to redefine and redevelop its role in shared leadership in the sport system.

WHY THE FEDERAL GOVERNMENT SHOULD CONTRIBUTE FUNDING AND SUPPORT FOR THE DEVELOPEMENT OF SPORT

F116 The federal government provide a substantial federal commitment to and support for the future of sport in Canada over the long-term, in keeping with its current and potential contribution and benefits to Canada.

THE FINAL RECOMMENDATION

F117 As the major directions and reforms outlined in this report are satisfactorily implemented and the sport community assumes responsibility for the programs and conduct of sport in Canada, the federal government should phase out the majority of its expectations of accountability for the use of federal funds, retaining only the most essential elements necessary to protect and advance the public good (such as health and safety, mobility and access, cultural identity, moral conduct, federal/provincial harmonization and fiscal responsibility). This evolution should dramatically reduce the administrative requirements to a negligible level and replace them with the sport community's own conscience, checkpoints and self-management.

The Task Force further recommends that the federal government and the national sport community work together to achieve this desired state within 10 years.